Richard Mader

Thüringer Wald beiderseits des Rennsteigs

grünes herz

Impressum

Bilder: Richard Mader (außer den Motiven
S. 18: Gästeinformation „Werratal"
S. 52 u. l.: Stadtverwaltung Ohrdruf
S. 72/73: Fremdenverkehrsamt Schmiedefeld,
S.102/103: Fremdenverkehrsamt Rudolstadt/ Schneider)

Gesamtgestaltung, Satz, Bildbearbeitung und DTP: Richard Mader

Herstellung: Schneiderdruck GmbH Bingen/Rhein

Autor und Verlag danken allen Museen und sonstigen in diesem Buch beschriebenen Einrichtungen für ihre freundliche Unterstützung. Das gleiche gilt auch für die Fremdenverkehrsämter und vergleichbaren Institutionen der im Buch beschriebenen Städte und Gemeinden.

Alle Angaben in diesem Buch erfolgen nach bestem Wissen ohne Gewähr.

Bilder Titelseite:
Unten: Blick vom Rennsteiggarten (Oberhof),
Kleine Bilder: Rennsteiggarten, Eisenach Wartburg, Johann Sebastian Bach (Eisenach), Schmalkalden Lutherhaus
Oben unterlegt: Friedrich von Schiller in einer historischen Ansicht

1. Auflage, 1999
Printed in Germany, ISBN 3-929993-49-X

© *grünes herz ♥ verlag für tourismus*, Ilmenau

Thüringer Service-Telefon für bequeme Urlaubsplanung 03 61 / 3 74 20

Rudolstadt, Heidecksburg Großer Festsaal

Vorwort

Wenn man sich exakt an die wissenschaftlich festgelegte Grenzlegung des Thüringer Waldes hält, dürfte so manch sehenswerte Stadt nicht in diesem Buch vorgestellt werden, da diese bereits im östlich anschließenden Thüringer Schiefergebirge liegt.

Da es aber längst üblich geworden ist, das gesamte Gebiet von der Wartburg bis zum wildromantischen Schwarzatal als „den" Thüringer Wald zu bezeichnen, wurde darauf verzichtet, das benachbarte Schiefergebirge auf der Titelseite gesondert beim Namen zu nennen.

Für Fremde machen beide Landschaften zusammen die Faszination „Thüringer Wald" aus, zumal es für Laien kaum einen erkennbaren Unterschied zwischen den beiden Landschaften gibt und der Übergang kaum zu erkennen ist. In geologischer Hinsicht jedoch unterscheidet sich das Schiefergebirge erheblich vom Thüringer Wald. Der Fachmann weiß zu berichten, daß das stark zerklüftete Schiefergebirge aus stark verfalteten und geschiefertem Gestein besteht, das noch sehr viel älter ist als das Rotliegende im Thüringer Wald. Und daß tief eingeschnittene Kerbsohlentäler hier das Landschaftsbild bestimmen.

Daß in diesem Buch auch Städte vorgestellt werden, die sich streng genommen außerhalb des Thüringer Waldes befinden, versteht sich aus dem Wunsch, auch dort kulturelle oder landschaftliche Sehenswürdigkeiten

Vorwort

kennenzulernen, wenn man schon einmal ganz in deren Nähe ist. Werden diese doch nicht selten auch Pforte oder Tor zum Thüringer Wald genannt.

Zur Auswahl.

Es bedarf sicher keiner besonderen Erwähnung, daß der Thüringer Wald mit dem Schiefergebirge mehr zu bieten hat, als in diesem Buch beschrieben werden kann. Bibliotheken könnte man füllen. Was dem Autor bleibt, ist wie immer die Auswahl zu begrenzen.

Mit einer beachtlichen Anzahl typischer Bilder werden auf den nun folgenden Seiten kurz und bündig bedeutende Orte vorgestellt, damit sich der Leser, der den Thüringer Wald noch nicht kennt, bereits im Vorwege ein Bild von der kulturellen und landschaftlichen Vielfalt machen kann. Aber auch jene, die hier zu Hause sind, können mit diesem reich illustrierten Buch Freunden und Gästen zeigen, wie schön ihre Heimat ist. So hoffen Verlag und Autor, daß es gelingt, einen möglichst repräsentativen Eindruck von Landschaft und Kultur im Thüringer Wald zu vermitteln.

Die Karte auf der folgenden Doppelseite zeigt die ausgewählten Orte und dient gleichzeitig als Inhaltsverzeichnis.

Der Thüringer Wald ist ein typisches Mittelgebirge. Auf seinem Kamm verläuft der 168 km lange, einst „Rynnestig" genannte Wanderweg, den inzwischen jeder als „Rennsteig" kennengelernt hat, nicht allein nur durch ein im Rundfunk oft gespieltes Volkslied.

Seit Generationen schon kommen Naturfreunde von weit her, um die Schönheiten der Landschaft beiderseits des früher als Grenze zwischen Thüringen und Franken genutzten Kammweges zu entdecken, der, wie vermutet wird, einst auch als Kurierpfad zwischen Burgen, Schlössern und auch Königshöfen diente.

Das Gebiet des Thüringer Waldes, das bereits seit dem ersten Drittel des vorigen Jahrhunderts als Ferien- und Erholungsgebiet genutzt wird, ist etwa 120 km lang und bis zu 35 km breit. Dreiviertel seiner Fläche ist von dichten Fichten und Buchenwäldern bedeckt.

Noch immer gilt der Thüringer Wald als artenreich. Hier brüten noch Birkhuhn, Tannenhäher, Sperrlingskauz und manch selten gewordene Spezies der Vogelwelt. Auch dem Auerhahn kann man, wenn man Glück hat, noch begegnen. Jeder, der möchte, daß Fuchs, Dachs, Stein- und Edelmarder, Wildschwein und die im Herbst unüberhörbar röhrenden Rothirsche auch weiterhin noch dieses beliebte Gebiet besiedeln, akzeptiert, daß der biologische Ablauf der Natur keinesfalls durch touristische Aktivitäten außerhalb der gekennzeichneten Wege beeinträchtigt werden darf und daß die seit vielen Millionen Jahren währende Ruhe hier oben beiderseits des Rennsteigs nicht gestört werden darf.

Übersichtskarte

Arnstadt	8
Bad Blankenburg	12
Bad Liebenstein	14
Bad Salzungen	16
Breitungen	18
Eisenach	20
Eisfeld	24
Frauenwald	26
Friedrichroda	28
Georgenthal	30
Großkochberg	32
Hildburghausen	34
Ilmenau	36
Lauscha	40

Schmalkalden in einer historischen Ansicht

Inhaltsverzeichnis

Masserberg	42		*Schwarzburg*	74
Meiningen	44		*Sitzendorf*	76
Oberhof	48		*Sonneberg*	78
Oberweißbach	50		*Steinach*	80
Ohrdruf	52		*Steinb.-Hallenbg.*	82
Paulinzella	54		*Stützerbach*	39
Rudolstadt	56		*Suhl*	84
Ruhla	60		*Tabarz*	88
Saalfeld	62		*Themar*	90
Schleusingen	66		*Vessertal*	92
Schmalkalden	68		*Veßra*	94
Schmiedefeld a. R.	72		*Waltershausen*	96
			Wasungen	98
			Zella-Mehlis	100
			Wiederkehrende Feste	102

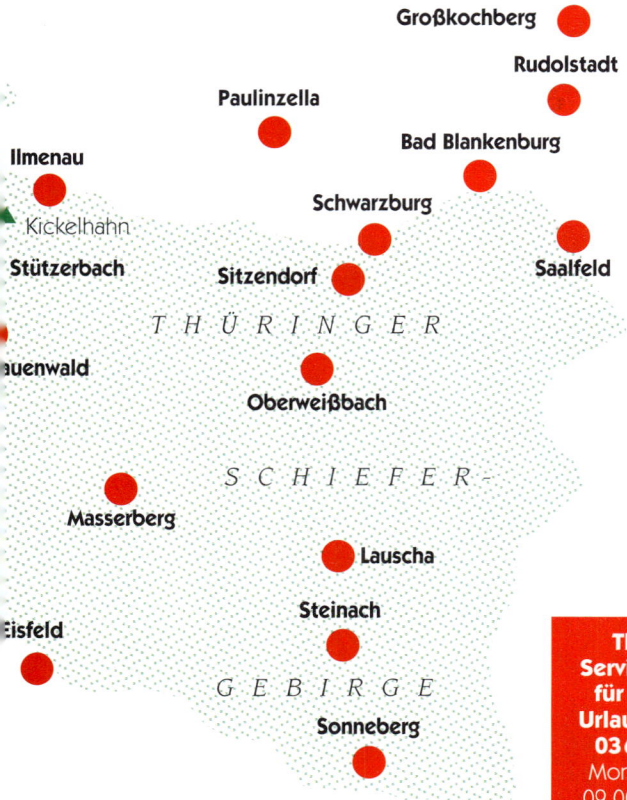

**Thüringer Service-Telefon für bequeme Urlaubsplanung
0361/37420**
Montag–Freitag
09.00–20.00 Uhr
Wochenende
09.00–14.00 Uhr

Arnstadt
„Pforte zum Thüringer Wald" und älteste Stadt im Land

Sehenswürdigkeiten
- Rathaus
- „Haus zum Palmbaum" mit Museum für Stadtgeschichte
- Bachkirche
- Liebfrauenkirche
- Oberkirche
- Neues Palais mit Schloßmuseum
- Schloßruine Neidech
- Neutorturm
- Riedturm
- Jacobsturm mit Glockenspiel
- Pfarrhof
- Renaissance-Galerie
- Bachdenkmal
- Hopfenbrunnen
- Ehem. Papiermühle

i Arnstadt-Information
Tel. 03628/602049
und 03628/602948
Fax 03628/745748
und 03628/640720
Markt 1
99310 Arnstadt

■ Ausgangspunkt für einen Stadtrundgang ist das zwischen 1582 und 1586 errichtete Renaissance-Rathaus mit seinem prächtigen Portal, allegorischen Figuren und geschweiften Giebeln.

Gleich daneben steht das „Haus zum Palmbaum", ebenfalls mit sehenswertem Renaissance-Portal. Es beherbergt heute das Museum für Stadtgeschichte sowie die Bachgedenkstätte mit dem original erhaltenen Orgelspieltisch des genialen Barockmusikers, der von 1703 bis 1707 in Arnstadt als Organist lebte. Ihm zu Ehren wurde 1985 auch ein Bachdenkmal

Ein Dokument aus dem Museum für Stadtgeschichte erinnert an Eugenie John

Unten: Orgelspieltisch Johann Sebastian Bachs

Arnstadt

Renaissance-Rathaus mit prunkvollem Portal und geschweiften Giebeln

auf dem Marktplatz aufgestellt.

Wenige Meter entfernt fällt die Renaissance-Galerie der ehemaligen Tuchmacher mit 18 Säulen auf. Ein ovales Schild erinnert an die einst bekannte Schriftstellerin Eugenie John (1825–87), die als „Marlitt" erfolgreich für die illustrierte „Gartenlaube" schrieb.

Dem Unteren Markt folgend, kommt man vorbei an der ehemaligen Papiermühle, einem repräsentativen Fachwerkhaus (1325 als Mahlmühle errichtet), zur Liebfrauenkirche. Die dreischiffige Basilika im Übergangsstil von der Romanik zur Gotik zählt zu den bedeutendsten Sakralbauten Thüringens (1220–1307). Zu ihren Kunstschätzen gehören der Flügelaltar (1498), die Tumba für Günther XXV. und Gemahlin Elisabeth sowie das Epitaph für Günther den Streitbaren.

Südlich des Marktplatzes fasziniert der Pfarrhof, der von alten

Liebfrauenkirche – eine der bedeutendsten Hallenkirchen in Thüringen

Arnstadt

Auch der Neutorturm ist Teil der ehemaligen Stadtbefestigung

Fachwerkbauten gesäumt wird, die eng mit der Geschichte des ehem. Klosters eines Franziskanerordens und der Oberkirche (ab 1246), verbunden sind. Unter den Kostbarkeiten der Kirche, die auch Martin Luther mehrmals besuchte, sollte vor allem der Hochaltar (1642) beachtet werden.

Von hier aus ist es nicht weit zum Neutorturm (1418), Teil der ehemaligen Stadtmauer. Dieser folgend gelangt man zum Riedturm (15. Jh.), der heute auch „Tor zum Thüringer Wald" genannt wird. Gleich daneben steht der Jakobsturm der einst gleichnamigen Kirche (Ende 15. Jh.).

Am Riedplatz, der wie kein anderer so eindrucksvoll an vergangene Zeiten erinnert, befindet sich das Haus „Zum großen Christoph" (1574), das durch ein großes Wandgemälde auffällt.

Man sollte übrigens auch die anderen beschaulichen Plätze besuchen, z.B. Holz- und Kohlenmarkt. Beide fallen durch ihre teils original erhaltene historische Bebauung auf.

Im Nordosten der Altstadt stand einst das prunkvolle Stadtpalais mit prächtigem Wappenschmuck im Giebel. 1729 bis 1735 wurde es als Witwensitz für die Fürstin Schwarzburg-Sondershausen Elisabeth

Riedplatz mit Haus „Zum großen Christoph"

Arnstadt

Stadtpalais, heute mit der berühmten Puppensammlung „Mon plaisir"

Puppensammlung „Mon plaisir" im Stadtpalais

Albertine errichtet. Seit 1919 ist es im Besitz der Museumsstiftung Arnstadt. Die dort ausgestellte einzigartige Puppensammlung „Mon plaisir" ist ein Werk der Fürstin. Mit mehr als 80 Puppen wird die Lebensweise einer kleinen Barockstadt dargestellt. Alle Gegenstände, wie z.B. die Kleidungsstücke und sonstige Requisiten, sind originalgetreu angefertigt worden und stammen aus der Zeit des Barock.

Letzter Rest der Schloßanlage ist der alleinstehende 65 m hohe Neideckturm, heute Wahrzeichen der Stadt.

Auf dem Weg zurück zum Marktplatz sollte man noch die Bachkirche besuchen. Johann Sebastian Bach, der große Barockkomponist und Sohn einer aus Thüringen stammenden Musikerfamilie, trat hier 18-jährig seine erste Stelle als Organist an.

Die Orgel wurde von ihm selbst eingespielt und ist heute noch voll in Funktion.

Bachkirche (1676–83 erneuert) und Hopfenbrunnen (1573)

Neideckturm, Wahrzeichen der Stadt

Bad Blankenburg
Kurort am Eingang des wildromantischen Schwarzatals

> **Sehenswürdigkeiten**
> - *Rathaus*
> - *Fröbel-Museum*
> - *Burgruine Greifenstein*
> - *Stadtkirche*
>
> **i** *Fremdenverkehrsamt*
> *Tel./Fax 036741/2667*
> *Magdeburger Gasse*
> *07422 Bad Blankenburg*

■ Im Nordosten des Thüringer Waldes liegt Bad Blankenburg, seit 1840 nun schon Heilbad, das inzwischen zu den bedeutendsten, im Schwarzatal zählt, nicht zuletzt auch durch seine begünstigte bioklimatische Lage.

Schon von weitem signalisiert die Burgruine Greifenstein den Ort, der ab 1196 als Siedlung am blanken (hellen, lichten) Berg bekannt ist. Rund 170 Meter über der Stadt, die man entweder mit dem Auto, empfehlenswerterweise lieber zu Fuß bewältigen sollte, erhebt sich eine der ehemals größten deutschen Feudalburgen. Schon im 14. Jahrhundert diente diese als Residenz der Schwarzburger Grafen. Später, als diese von der Heidecksburg in Rudolstadt aus regierten, verfiel der Bau ab 1570 zusehens. Erst im 19. Jh. wurde mit den Restaurierungsarbeiten begonnen.

Das Rathaus auf dem Marktplatz entstand 1746 an der Stelle eines zwei Jahre

Ausblick von der Burgruine Greifenstein

zuvor abgebrannten Vorgängerbaus von 1434. Beachtenswert am Rathaus sind die Nachbildung der „Blankenburger Elle", das sog. „Hungermännchen" und eine Gedenktafel, die an die „Erfindung" des Kindergartens durch <u>Friedrich Wilhelm August Fröbel</u> erinnert.

Burgruine Greifenstein hoch über der Stadt

Von hier aus sind es nur noch wenige Schritte zum Fröbelmuseum „Haus unter dem Keller", das 1982 am 200. Geburtstag des großen Pädagogen eröffnet wurde. Hier richtete Fröbel seine allererste Spiel- und Beschäftigungsanstalt für Kinder ein. Zu sehen sind u.a. Schautafeln mit wertvollen biographischen Informationen, die Fröbel'schen „Spielgaben": Kugel, Walze und Würfel, sowie das Arbeitszimmer Fröbels mit Möbeln der Zeit.

Ein <u>Gedenkstein</u> für Friedrich Wilhelm Fröbel steht auch im Kurpark, der nicht nur von Kurgästen aufge-

Das Geburtshaus Fröbels (Ölbild im Fröbelmuseum)

sucht werden sollte.

Bad Blankenburgs <u>Gotteshaus</u> ist im Kern von 1385, wurde aber nach einem schweren Brand 1749 einschiffig mit Holztonne grundlegend restauriert.

Büste des Pädagogen Friedrich Wilhelm Fröbel (1782–1852)

Bad Liebenstein
Kuren und Urlaub an der Sonnenseite des Thüringer Waldes

Sehenswürdigkeiten
- Burgruine
- Brunnentempel
- Kurtheater
- Palais „Weimar"
- Schweizerhaus
- Kurhaus mit Kuranlage und Kurpark
- Postamt
- Villa „Feodora"
- Schloß Altenstein mit Ritterkapelle, Wasserfall und Park

i Kurverwaltung
Bad Liebenstein
Tel. 036961/560
Fax 036961/56101
Herzog-Georg-Str. 39
36448 Bad Liebenstein

■ Nicht nur Heilung und Rehabilitation verspricht der gepflegte Kurort, sondern auch ein breites Spektrum kultureller Kostbarkeiten, was nicht zuletzt den Meininger Herzögen zu verdanken ist, die die landschaftlichen Vorteile dieser Region zu schätzen wußten.

Hoch über Bad Liebensteion, selbst für Fußgänger leicht erreichbar, erinnert die Ruine von Burg Liebenstein (1360–1374) mit den Resten eines gotischen Palas an die Familie von Stein, die über 300 Jahre hier lebte.

Der von Säulen gezierte Brunnentempel über der Quelle wurde 1816 errichtet.

Ganz in der Nähe beginnt das Kurviertel, das mit seinem Ensemble sehenswerter Bauwerke aus historischer Zeit Bad

Gesellschaftlicher Mittelpunkt Bad Liebensteins ist das Kurhaus

Wandgemälde am Haus „Feodora" nach Motiven von Moritz von Schwind

Der Brunnentempel über der Quelle

Postgebäude im hennebergischen Fachwerkstil

Liebenstein so unverwechselbar macht. Dieses besteht aus dem <u>Kurtheater</u> (aus dem 17.Jahrhundert), dem <u>Palais „Weimar"</u>, 1804–06 als Fürstenhaus erbaut, sowie dem <u>Schweizerhaus</u>, heute Haus „Sophie", 1850 fertiggestellt.

Für Freunde dekorativen Fachwerks wird der Besuch der <u>Post</u> empfohlen, 1895 im hennebergischen Fachwerkstil errichtet.

<u>Villa „Feodora"</u>, 1860 als Sommersitz für Herzog Georg II. oberhalb des Kurgebietes geschaffen, wird von romantischen Wandgemälden nach Entwürfen von Moritz von Schwind geziert.

Der Ruhlaer Straße nach Norden folgend erreicht man nach wenigen Autominuten

Schloß Altenstein mit einzigartiger Parkanlage

<u>Schloß und Park Altenstein</u>, der u. a. mit <u>Ritterkapelle</u> und <u>Wasserfall</u> durchaus zu den schönsten Parkanlagen Deutschlands gezählt werden kann. Kenner solcher Anlagen entdecken hier ganz sicher die Handschrift des großen Gartengestalters Hermann Fürst zu Pückler-Muskau (1785–1871).

Bad Salzungen
Eines der ältesten Soleheilbäder Deutschlands

> **Sehenswürdigkeiten**
> - Gradierwerk
> - Rathaus
> - „Haunscher Hof"
> - Schnepfenburg
> - Burgsee
> - Rathenaupark mit
> - Wucke-Denkmal
> - Kirche St. Andreas
> - Stadtkirche
>
> **i** Kurverwaltungs-
> gesellschaft mbH
> Tel. 03695/69340
> Fax 03695/693421
> An den Gradierhäusern 2
> 36433 Bad Salzungen

■ Seit Jahrhunderten schon wurde die Geschichte der Stadt durch ihre Solequellen, die der Salzgewinnung dienten, geprägt. Im 18. Jh. erkannte man dann auch die heilende Wirkung der Sole.

Um den Salzgehalt der damals nur 6%igen Sole noch zu erhöhen, wurde diese in sog. Gradierhäusern mehrmals über Dornenwände abgerieselt. Durch diesen so einfachen wie effektiven Verdunstungsvorgang erhöhte sich der Salzgehalt beachtlich.

1840/41 endlich erbohrte man gesättigte Sole von 27%. Auf die Gradierhäuser konnte nunmehr verzichtet werden. Die Ostwand der beiden heute für Kurzwecke genutzen Gradierwerke stammt noch aus dieser Zeit. Die Westwand ist neu.

Bad Salzungen ist aber nicht allein nur für Erhohlungsuchende lohnendes Reiseziel. Zusammen mit der herrlichen Umgebung ist die Stadt einen Abstecher vom Thüringer Wald aus wert.

Parkanlage am Gradierwerk – eine Augenweide nicht allein nur für Erholungsuchende

Das Rathaus wurde 1289 errichtet und nach dem Dreißigjährigen Krieg 1679 umgebaut. Nach einem Brand entstand es 1790 neu als schlichter Barockbau mit Dachtürmchen (1790).

Wenige Schritte entfernt befindet sich der Haunsche Hof mit auffälligem Rundbogenportal, Treppenturm und Doppelwappen. Er ist einer der ältesten Gebäude in Bad Salzungen (Anf. 17. Jh.).

Die Schnepfenburg (ab 12. Jh.), die als unüberwindlich galt, und vorgelagerte Reste der Stadtmauer bilden eine malerische Kulisse für den idyllischen Burgsee, der zur Bootsfahrt rund um die hoch aufschießende Fontäne einlädt.

Im Süden wird der See vom hügeligen „Rathenaupark" gesäumt, in dem das Denkmal des Heimatdichters Ludwig Wucke (1807–1883) steht.

Die von hier aus schon durch die Baumwipfel erkennbare neubarock gestaltete katholische St.-Andreas-Kirche wurde 1923 geweiht.

Die Stadtkirche auf der linken Seite des Burgberges, seit der Reformation lutherisch, läßt keinesfalls ahnen, daß an der gleichen Stelle 1112 ein Vorgängerbau errichtet wurde, die St.-Simplizius-Kirche. Das heutige Gotteshaus mit der immer wieder gelobten „Sauer-Orgel" wurde 1791 vollendet.

Das barocke Rathaus

Nostalgischer Gruß aus Bad Salzungen

Breitungen – geschichtsträchtiges Dorf im Werratal

Sehenswürdigkeiten

- Burghügel mit Renaissanceschloß und Basilika
- Aktivmuseum „Ländliches Brauchtum"
- Marienkirche
- Michaeliskirche
- Kapelle
- Fachwerkbauten
- Breitunger Seen

i Gästeinformation „Werratal"
Tel./Fax 036848/87889
Eisenacher Straße 12
98597 Breitungen

■ Schon vor dem 10. Jh. existierte auf dem Hang am rechten Werraufer eine Burg. Im 11. Jh. dann entstand hier ein Kloster, dessen Kirche, eine Basilika, 1112 von Benediktinermönchen geweiht wurde. Das Kloster wurde 1552 aufgehoben.

Gleich daneben errichtete 1560 Fürstgraf Boppo XII. von Henneberg seine Residenz, ein Renaissance-Schloß. Die Basilika ließ er zur Schloßkirche umgestalten.

Seit 1994 beherbergt das Schloß das Aktivmuseum Ländliches Brauchtum mit Milieudarstellungen aus Wohn-, Schlaf- und Küchenbereich.

Lebendig wird die Vergangenheit, wenn im Museum gebuttert, gesponnen oder auch gebacken wird. Denn Traditionspflege wird hier im Werratal groß geschrieben.

Der Marktplatz in Frauenbreitungen wird beherrscht von sehenswerten Fachwerkhäusern, einem Sandsteinmauerring mit Zehntlinde und der Marienkirche mit fränkischem Schnitzaltar (16. Jh.). Auffällig sind auch die kleine Fachwerkkapelle, ein malerisches Kleinod in Altenbreitungen, und die Michaeliskirche in Herrenbreitungen mit ihrem romanischen Turm.

Hoch über der Werra thront die Basilika

Breitungen

Im Naturschutzgebiet Breitunger Seen

Naturliebhaber bevorzugen eher das Naturschutzgebiet „Breitunger Seen" mit dem 3,5 km langen Rundweg. Beachtenswert sind hier der artenreiche Sumpf- und Wasserpflanzenbestand sowie rund 150 Vogelarten, deren Lebensweise selbstverständlich respektiert werden soll.

Von Breitungen aus ist ein Abstecher zum Trusetaler Wasserfall nicht weit

Eisenach
Wartburgstadt und kulturelles Zentrum im Westen des Thüringer Waldes

Sehenswürdigkeiten
- St. Georgenkirche
- Nikolaikirche
- Predigerkirche
- Rathaus
- Residenz mit Kreuznacher Haus
- Stadtschloß
- Bachhaus
- Bachdenkmal
- Lutherhaus
- Lutherdenkmal
- Reuter-Villa
- Automobilbaumuseum
- Alte Mälzerei
- Wartburg

i Tourismus Eisenach GmbH
Tel. 03691/7923-0
Fax. 03691/792320
Markt 2
99817 Eisenach

Rathaus und ehem. Hofapotheke im Fachwerkstil

■ Rund um den alten Marktplatz befinden sich ein großer Teil der architektonischen Zeitzeugen Eisenachs, so auch das spätbarocke Stadtschloß, das 1742–1751 für Herzog Ernst August von Sachsen-Weimar und Eisenach gebaut wurde, und in dem Charlotte von Stein 1742 zur Welt kam.

Die im 12. Jh. als romanische Basilika errichtete Georgenkirche imponiert durch ihre eindrucksvollen Holzemporen. Berühmtheit erlangte sie auch durch Martin Luther, der 1520 hier predigte, und Johann Sebastian Bach, der hier getauft wurde. Übrigens: beide waren in dieser Kirche Chorknaben.

Nicht weit von hier leuchtet golden der Marktbrunnen von 1549 mit dem Heiligen Georg, der mit dem Drachen kämpft.

An seinem schiefen Turm ist das Rathaus leicht zu erkennen, das 1508 im spätgotischen

Eisenach

Stadtschloß auf dem Marktplatz

Stil errichtet und 1564 während der Renaissance umgebaut wurde. Goethe, der im Schloß mehrfach Quartier nahm, wohnte im Rathaus als weimarischer Staatsminister mehrfach dem Ständetag bei.

Die Hofapotheke gleich nebenan ist ein viel bewunderter Fachwerkbau von 1585.

Ebenfalls aus der Renaissance sind das Kreuznacher Haus mit seinem hohen Fachwerkgiebel und der Westflügel (1507) der ehem. Residenz (beide südlich der Georgenkirche).

Über die Karlstraße kommt man zum Karlsplatz mit dem Lutherdenkmal (1895) von Adolf v. Donndorf.

Als Nachfolgebau eines Benediktinernonnenkloster wurde die Nikolaikirche gleich gegenüber 1190 fertiggestellt. Die Basilika wurde in gotischer Zeit dem damaligen Stilempfinden angepaßt, erhielt aber 1886/87 ihr romanisches Gesicht wieder zurück.

Das benachbarte Nikolaitor stammt ebenfalls aus romanischer Zeit (um 1170). Es ist das einzig erhaltene Tor der Stadt.

Die Museen

■ Im Lutherhaus, wo der spätere Reformator während seiner Schulzeit von 1498–1501 gewohnt haben

Die ehemalige Residenz

Lutherhaus

Eisenach

Wartburg – stolz aufragendes Nationaldenkmal

Johann Sebastian Bach (1685–1750)

soll, kann man Luther „neu entdecken" – ganz zeitgemäß multimedial, mit Videoclips, aber auch mit historischen Dokumenten. Nostalgisches Erlebnis bleibt die Besichtigung der Lutherstuben.

Im Bachhaus werden nicht nur Zeugnisse aus dem Leben des großen Barockkomponisten ausgestellt, sondern auch Musikinstrumente und Möbel der Zeit. Beliebt sind auch Vorträge mit musikalischen Beispielen. Das Bachdenkmal vor dem Haus schuf 1884 Adolf von Donndorf.

Im Automobilbaumuseum erfährt man, daß in Eisenach bereits 1896 Automobile gebaut wurden, daß BMW hier einst seinen „Dixi" herstellte und wie sich der Fahrzeugbau in der Zeit der DDR entwickelte.

Die mittelalterliche Kunst und wechselnde Sonderausstellungen faszinieren in der Predigerkirche. Es ist die älteste Elisabethkirche der Welt (1240 geweiht), die als turmloses Gotteshaus ohne Querschiff seit 1899 als Museum genuzt wird und konsequent dieser Aufgabe entsprechend eingerichtet wurde.

Die „Alte Mälzerei" versteht sich als multifunktionale Institution und ist zugleich technisches Museum und Kulturfabrik.

Die Reuter-Villa beherbergt nicht nur Dokumente und Bilder

Eisenach

Die Vogtei, wo Luther als Junker Jörg in der heute nach ihm benannten Stube das Neue Testament aus dem Griechischen übersetzte

des niederdeutschen Dichters Fritz Reuter (1810–1874), der seinen Lebensabend in dieser Stadt verbrachte, auch das Lebenswerk Richard Wagners wird hier gewürdigt, u.a. mit einer über 6000 Bände umfassenden Bibliothek sowie wertvollem Notenmaterial.

Auf der Wartburg wird man wieder einmal Martin Luther begegnen, der hier unter kurfürstlichem Schutz als Junker Jörg das Neue Testament aus dem griechischen Urtext übersetzte. Die Burg, ein einzigartiges Ensemble historischer Bauten aus verschiedenen Jahrhunderten mit teils original belassenen Räumen und Sälen fasziniert nicht minder als die musealen Einrichtungen mit wertvollen Kunstwerken, Bildteppichen, Skulpturen, Möbeln und einer Bibel mit handschriftlichen Marginalien Luthers.

Sängerkrieg auf der Wartburg (Xylographie)

Eisfeld
Auf den Spuren des Dichters Otto Ludwig

Sehenswürdigkeiten
- Ehem. Stadtbefestigung
- Stadtkirche
- Pfarrhaus
- Alte Schule
- Schloß mit Schloßgarten und Heimatmuseum
- Otto-Ludwig-Garten mit Gartenhaus
- Bronzestandbild

i Tourist-Information
Tel./Fax 03686/300602
Justus-Jonas-Straße 5
98673 Eisfeld

■ Reste der ehem. Stadtbefestigung, die Ende des 17. Jh. erneuert werden mußte, lassen erahnen, daß die Stadt sehr alt sein muß. Bereits 802 wurde sie als Asifeld erstmals urkundlich erwähnt.

Die Stadtkirche, ein typischer Sakralbau für die südthüringische Region, wurde 1488 bis 1505 als spätgotische Hallenkirche gebaut.

Ihr gegenüber beeindruckt das Pfarrhaus (16–17. Jh.) durch das reich gezierte Fachwerkobergeschoß auf festem Steinsockel.

Ebenso faszinierend als Fachwerkhaus ist die Alte Schule von 1575, eines der ältesten auch heute noch benutzten Schulgebäude im Land. Das „Schulmännle" an der Fassade ist eine Kopie. Das Original befindet sich im Museum.

Dominierend auf dem Marktplatz sind das schlichte Rathaus (1833) und der Marktbrunnen mit schöner Steinmetzarbeit aus dem 17. Jh..

Wenige Schritte entfernt öffnet das Schloß (11./12. Jh.) seine Pforten zum Heimatmuseum Otto Ludwig, das seit 1949 hier in historischer Umgebung beherbergt ist. Trotz seiner volkskundlichen und natur-

Spätgotische Stadtkirche

Eisfeld

Marktplatz mit Marktbrunnen und Rathaus

geschichtlichen Ausrichtung widmet es sich insbesondere dem Wirken des Dichters Otto Ludwig (1813–65), dem im romantischen Otto-Ludwig-Garten ein Denkmal gesetzt wurde. Auch im Gartenhaus am Heinig (1840) wird an das Lebenswerk des bedeutenden Poeten erinnert, der Dramen und Romane schrieb.

**Otto Ludwig
Musikus und Poet**

Das Schloß mit seinen imposanten Mauern und dem idyllischen Schloßgarten

Frauenwald
Die älteste Ortschaft entlang des beliebten Rennsteigs

> **Sehenswürdigkeiten**
> - *Karl-Friedrich-Schinkel-Kirche*
> - *Heimatstube*
> - *Monument am Bohrstuhl*
> - *Glasbläsereien*
>
> **i** *Fremdenverkehrsamt*
> *Tel. 036782/61925*
> *Fax 036782/61239*
> *Nordstraße 96*
> *98711 Frauenwald*

■ Schon im Mittelalter ließ Graf Poppo XIII. von Henneberg 1177 hier eine Kapelle errichten, genau da, wo eine wichtige Geleitstraße von Erfurt über Ilmenau nach Würzburg und Nürnberg den Kamm des Sonnenberges überquert. Benannt wurde das Gotteshaus nach dem Schutzheiligen der Fuhrleute, dem heilgen „Nicolaus". Eine erste urkundliche Erwähnung des Nonnenklosters „Zu den Frawen auff dem Walde" dürfte 1218 erfolgt sein.

Später dann siedelten sich hier Köhler, Schindelmacher, Dielen- und Reifenschneider, Schachtelmacher und auch Aschenbrenner an. Auch war Frauenwald einmal Station der Hamburger Postkutsche (um 1700).

Wichtige Daten aus der Ortsgeschichte befinden sich am Monument am Bohrstuhl, das 1934 als Steinerne Chronik von Frauenwald aufgestellt wurde. Es gilt heute als Wahrzeichen des Kurortes.

Mehr über die Vergangenheit kann man auch in der Heimatstube erfahren, die Sammelgegenstände aus Haushalt, Handwerk und Landwirtschaft bereithält.

Das Monument am Bohrstuhl verkündet Daten aus der Geschichte Frauenwalds

Frauenwald

Das ganze Jahr über Ausgangspunkt für erholsame Wanderungen

Die kleine Kirche Frauenwalds gestaltete der durch seine berühmten klassizistisch geprägten Bauwerke bekannte Architekt Karl Friedrich Schinkel.

Längst wird der Kurort vor allem für sportliche Aktivitäten in Urlaub oder Freizeit genutzt. Fahrradtouren, geführte Ausflüge, Kutsch- und Schlittenfahrten, Langlauf-, Abfahrts- und Snowboardmöglichkeiten gehören ebenso dazu wie Angeln, Reiten, Tennis oder Kegeln.

Daß hier früher einmal Glashütten eine bescheidene wirtschaftliche Basis Frauenwalds sicherten, läßt sich auch noch heute erahnen, wenn man die von alters her hier beheimateten Glasbläserwerkstätten besucht und beim Glasblasen zuschaut.

Die nach Plänen von Karl Friedrich Schinkel 1831 erbaute Kirche

Inmitten des Naturparks Thüringer Wald 800 m ü. NN.

Friedrichroda
Ältester Kurort im westlichen Thüringer Wald

Sehenswürdigkeiten
- Barockkirche
- Schloß und Park Reinhardsbrunn mit Kapelle und Kavalierhäusern
- Marienglashöhle

i Kur- und Tourismus GmbH
Tel. 03623/332 00
Fax 03623/33 20 29
Marktstraße 13/15
99894 Friedrichroda

Sakrales Kleinod – die Barockkirche

Im Zentrum steht die Barockkirche. Ihr Turm wurde 1538, also in spätgotischer Zeit, vollendet.

Nördlich der Stadt befand sich das 1525 zerstörte Hauskloster der Thüringer Landgrafen. Im 17. Jahrhundert entstand dann ein Jagdschloß auf gleichem Grund, das 1827–1835 zur neugotischen Anlage umgebaut wurde. Es ist das weit über die Grenzen des Kurortes hinaus bekannte

■ Bereits im zweiten Drittel des vorigen Jahrhunderts „boomte" der Tourismus in der „Rodung des Fridrich", wie der heutige Ferienort 1114 noch genannt wurde. Erster Kurgast war der berühmte Buchhändler Friedrich Perthes, der schon seit 1837 regelmäßig Friedrichroda besuchte.

Ihm zur Erinnerung wurde an der Perthespromenade eine Gedenktafel (1837) angebracht.

Schloß Reinhardsbrunn mit Park, Kapelle und Kavalierhäusern (unten)

Friedrichroda

Schloß Reinhardsbrunn mit Kapelle, das längst, zusammen mit den Kavaliershäusern, als Hotel genutzt wird. Überwältigend ist der Park mit exotischem Baumbestand und die "Mönchslinde", deren Alter auf über 800 Jahre geschätzt wird.

Der Landstraße nach Tabarz folgend erreicht man nach etwa 3 km das Schaubergwerk "Marienglashöhle", in der Goethe einst Bergbaustudien trieb. Irritierend ist der Begriff "...glas", mit dem die Gipskristalle, die hier von 1784 bis 1848 unter Tage abgebaut wurden, nichts gemein haben. Schon gleich nach der Stilllegung des Bergwerkes konnte die Grotte besichtigt werden. Besonders eindrucksvoll ist der Höhlensee, den man auf einer Brücke überqueren kann. Er ist mit Wasser gefüllt, das im Laufe der Jahrhunderte hier eindrang. Auch Gezähe, (Werkzeug der Bergleute) wird ausgestellt.

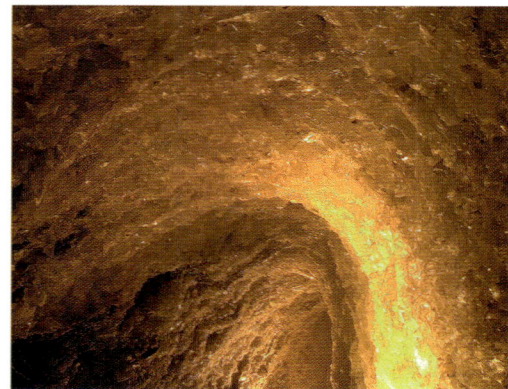

In der Marienglashöhle

Schon im letzten Jahrhundert war der Park von Schloß Reinhardsbrunn belibter Treffpunkt für erholsame Spaziergänge

Georgenthal
Kulturelles Kleinod im Süden der Apfelstädtaue

Sehenswürdigkeiten
- Klosterruine
- Kornhaus
- St.-Elisabeth-Kirche

i Fremdenverkehrsamt
Tel. 036253/38108
Fax 036253/38102
Tambacher Straße 2
99887 Georgenthal

■ Eingebettet zwischen malerischen Bergen und dichten Wäldern liegt Georgenthal als größte Gemeinde der Verwaltungsgemeinschaft Apfelstädtaue am Nordrand des Thüringer Waldes. Die Geschichte reicht zurück bis ins 12. Jahrhundert, als Graf Sizzo III. von Käfernburg ein Zisterzienser-Kloster stiftete. Es soll sich dabei um eine der „vollkommsten Anlagen gehandelt haben, die der Orden je in Deutschland hervorgebracht hat". Die Reste dieses einst in Größe und Reichtum beachtlichen Klosters können heute noch besichtigt werden.

Leicht werden die Kenner dabei zur Kenntnis nehmen, daß es spätromanische und gotische Bauwerke waren, die 1525 durch aufständische Bauern zerstört wurden.

Erhalten blieb das Kornhaus mit einer herrlichen Rosette am Giebel. Dieser gotische Bau dient inzwischen musealen Zwecken.

Gleich gegenüber fällt eine kleine Kirche auf, die, ganz unauffällig zwischen Bäumen versteckt, ebenfalls diesem Klosterensemble zugerechnet wird. Es ist die St.-Elisabeth-Kirche, die ebenfalls in roma-

Das Kornhaus der ehem. Klosteranlage, heute Museum

Georgenthal

Auch die St.-Elisabeth-Kirche wird zum Klosterensemble gezählt

nischer Zeit entstand und den Bauern, Frauen und Bediensteten des Klosters als Gotteshaus diente.

Wasserratten finden reichlich Gelegenheit, als Freizeitkäptäne in „See zu stechen"

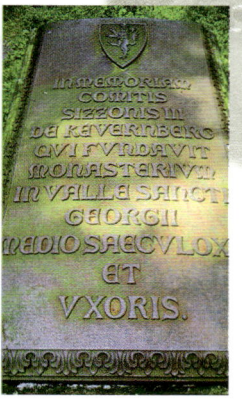

Ruinen geben Auskunft über das Schicksal einer ehemals bedeutenden Klosteranlage

Großkochberg
Reminiszenz an Johann Wolfgang von Goethe und Charlotte von Stein

Sehenswürdigkeiten
- Schloß Kochberg mit Liebhabertheater und Landschaftspark
- Kirche mit Schnitzaltar
- Luisenturm (515 m ü.N.N.)

i Gemeinde Großkochberg, Ortsstraße 34
07407 Großkochberg
Tel./Fax 036743/22327
Schloß Kochberg
Tel./Fax 036743/22532

■ Viel gerühmter Anziehungspunkt für die Liebhaber deutscher Klassik ist unbestritten Wasserschloß Kochberg. Großkochberg, einst im Besitz der Grafen zu Orlamünde, wurde 1125 erstmalig urkundlich erwähnt. Später war der Ort Sitz der Herren von Kochberg und Schönfeld.

Ab 1730 wurde das ehemalige Wasserschloß, eine unregelmäßige Vierflügelanlage aus der Renaissance, barock umgestaltet. Drei Jahre später erwarb es Freiherr von Stein, der es von diesem Zeitpunkt an mit seiner Familie bewohnte.

Charlotte von Stein nach einem Selbstportrait

Johann Wolfgang von Goethe, der sich der sieben Jahre älteren Charlotte von Stein eng verbunden fühlte und väterlicher Freund ihrer Kinder war, besuchte das Anwesen zwischen 1775 und 1788 öfters.

Großkochberg

Der Blumengarten imr Park mit dem kleinen „Leinwandhäuschen" im Hintergrund

Die große Zuneigung Goethes zu dieser geistreichen Frau beweisen mehr als 1500 von ihm geschriebene Briefe und Zettel, die 1896 für 70.000 Mark dem damals neu gegründeten Weimarer Goethe- und Schillerarchiv überlassen wurden.

Obwohl die Freundschaft zu Charlotte nach Goethes Italienreise zerbrach, konnte sich der geistig-kulturelle Einfluß Weimars erhalten. 1800 entstand das kleine Liebhabertheater im klassizistischen Stil.

Seit 1949, zum 200. Geburtstag Goethes, ist das Schloß Goethegedenkstätte, auch mit wertvollen Zeugnissen aus der langwährenden Schloßgeschichte.

Das kleine Liebhabertheater ließ Charlottes Sohn Karl erbauen

Hildburghausen
Wo Herr Meyer ein Conversations-Lexicon herausbrachte

Sehenswürdigkeiten
- Marktplatz mit Rathaus, Bürgerhäusern des 18. Jh. und Georgsbrunnen
- Christuskirche
- Hugenottenkirche
- Stadtmuseum in der „Alten Post"
- Milch- und Reklamemuseum am Bertholdstor
- Schloßpark mit Luisendenkmal
- Theater von 1755

i Stadtinformation im Stadtmuseum
Tel./Fax 03685/403689
Apothekergasse 11
98646 Hildburghausen

■ Eingebettet in eine der schönsten Auen am Oberlauf der Werra liegt die ehemalige Residenzstadt des Herzogtums Sachsen-Hildburghausen. 1234 erstmals urkundlich erwähnt, mauserte sich Hildburghausen im Laufe seiner wechselvollen Geschichte im 19. Jh. zu einem kulturell bedeutsamen Ort, der lange Zeit „Stadt der Schulen" (Schulreformen von Ludwig Nonne, Gymnasium, Technikum bis 1945 u. a.) und scherzhaft auch „Klein-Weimar" genannt wurde. Im *Bibliographischen Institut* von Joseph und dessen Sohn Herrmann Meyer (1828 bis 1874 in Hildburghausen) wurde ein gutes Stück deutscher Buch- und Verlagsgeschichte geschrieben. Preiswerte

Renaissance-Rathaus – dominierendes Bauwerk am Marktplatz

Frühklassizistische Christuskirche mit doppelgeschossigem Säulenvorbau

Klassikerausgaben unter dem Motto „Bildung macht frei" erreichten alle Käuferschichten.

Die bekannteste Edition seines Verlages war das Konversationslexikon, welches von 1840 bis 1855 in 52 Bänden erstmals erschien.

Das <u>Stadtmuseum</u> in der „Alten Post" (ehemalige Turn und Taxische Poststation im 19. Jh.) zeigt wertvolle Erstausgaben des Verlages inmitten einer sehr umfangreichen Sammlung zur Stadtgeschichte. Auch über die rätselhafte „Dunkelgräfin" wird jeder Besucher informiert.

Zu den architektonischen Kostbarkeiten der Stadt zählt das <u>Renaissance-Rathaus</u> (1395/1595), dessen Erdgeschoß noch Elemente des hochmittelalterlichen Stadthauses zeigt. Davor befindet sich der <u>Georgsbrunnen</u>, der das Bronzebildnis des kunstsinnigen „Theaterherzogs" Georg II. von Sachsen-Meiningen trägt. In der Umgebung des <u>Marktplatzes</u> präsentieren sich stattliche Bauten aus dem 18. Jh, vorwiegend <u>Bürgerhäuser</u> im „Zopf-Stil".

Auch aus dem 18. Jh. stammen Hildburghausens sakrale Bauwerke. Die <u>Christuskirche</u> (1785) und die <u>Hugenottenkirche</u> (1722, jetzt Katholische Kirche St. Leopold) sind städtebauliche Kleinode.

Abschließend sollte noch am Rande des <u>ehem. Schloßgartens</u> aus dem 18. Jh., auch heute noch Oase der Ruhe, das <u>Theater</u> von 1755 Beachtung finden.

Den Georg-Brunnen hat der Herzog selbst noch eingeweiht

Ilmenau
Von der ehemaligen Bergwerkstadt über den Goethewanderweg zum Kickelhahn

Sehenswürdigkeiten
- Rathaus
- Amtshaus mit Goethegedenkstätte
- Stadtkirche St. Jakobus
- Ehem. Zechenhaus
- Ehem. Bergwerkskapelle
- Alte Försterei
- Goethe-Wanderweg

i Ilmenau-Information
Tel. 03677/202358
Fax 03677/202520
Lindenstraße 12
098693 Ilmenau

■ Es wird vermutet, daß bereits im 13. Jh. eine Siedlung existiert haben muß, aus der sich die Stadt, die 1341 erstmals urkundlich erwähnt wurde, entwickelt hat. Der Kupfer- und Silberbergbau, der über Jahrhunderte die wirtschaftliche Situation Ilmenaus bestimmt hat, wurde 1323 zuerst bezeugt.

Doch nicht immer blühte dieser Wirtschaftszweig, der als Folge des Dreißigjährigen Krieges stillgelegt werden mußte. Eine Neubelebung fand erst ab 1674 statt. Schon 10 Jahre später verdienten rund 800 Bergleute ihr Brot im Bergbau. 19 Schächte waren in Betrieb, und in 14 Hochöfen wurde das hier gewonnene Erz aufbereitet. Doch 1739, als die Schächte „absoffen", sollte dem Bergbau das „Aus" beschieden sein.

Andere und neue Industriezweige, die

Das Goethe-Zimmer im Amtshaus

Amtshaus mit Goethe-Gedenkstätte

Stadtbummel in historischem Umfeld

machten zunichte, was durch Goethes Einsatz wieder in Gang gebracht werden konnte. Nachdem die Schächte endgültig stillgelegt werden mußten, engagierte sich Goethe für die Glas- und Porzellanindustrie.

Aufschlußreiches darüber kann man in der Goethegedenkstätte im Amtshaus erfahren. Schriften und Bilder, Uniformen und Geräte dokumentieren die Vergangenheit Ilmenaus als Bergwerkstadt und Goethes Engagement. Auch Persönlichkeiten, die zum Umfeld des Dichter zählen, werden vorgestellt. So auch die Schauspielerin Corona Schröter, die Goethe mehrmals engagierte.

Glasindustrie und Porzellanmanufakturen, konnten den Verlust nicht wettmachen.

1768 begehrte das Volk gegen die Mißwirtschaft seiner Obrigkeit auf. 1776 endlich wurde Johann Wolfgang von Goethe von Herzog Carl August beauftragt, den Vorsitz der Bergwerkskommission zu übernehmen und das „verwahrloste und verworrene" Finanz- und Steuerwesen in Ordnung zu bringen. Neue Wassereinbrüche aber

Die Schauspielerin Corona Schröter (1751–1802)

Ilmenau

Die Jagdaufseherhütte auf dem Kickelhahn – heute mehr noch als Goethe-Häuschen bekannt

Wenige Schritte entfernt steht das Rathaus mit einem Renaissance-Portal und reichem Wappenschmuck im Giebel. Es entstand 1786 als Neubau nach dem Stadtbrand von 1624.

Auch die Stadtkirche St. Jakobi wurde nach den verheerenden Stadtbränden von 1603 und 1624 erneuert. Man vermutet, daß sie im 15. Jh. errichtet wurde. Im Dreißigjährigen Krieg geplündert, mußte das Gotteshaus abermalig nach dem großen Stadtbrand von 1760/61 unter Einbeziehung ältere Bauelemente erneuert werden. Das Kircheninnere erhielt seine heutige Gestalt

Wandrers Nachtlied
von Johann Wolfgang von Goethe

Über allen Gipfeln ist Ruh',
in allen Wipfeln
spürest du
kaum einen Hauch;
die Vögelein schweigen im Walde.
Warte nur, balde
ruhest du auch.

Hier die Oroginal-Handschrift Goethes

1993 unter der Leitung von Gert Schaser.

Forum für moderne Kunst mit wechselnden Ausstellungen ist die „Alte Försterei", ein Barockbau, der einst zur Ilmenauer Schloßanlage gehörte.

Das ehem. Zechenhaus und die ehem. Bergmannskapelle erinnern an vergangene Bergbauzeiten.

Beeindruckend ist der 18 km lange Goethe-Wanderweg, der von Ilmenau durch die herrliche Landschaft des Thüringer Waldes bis nach Stützerbach führt.

Der mit einem „g" gekennzeichnete Weg führt an Stationen vorbei, die eng mit der Biographie Goethes verbunden sind. So auch am Schwalbenstein, wo der Dichter die Prosafassung des IV. Aktes der „Iphigenie" an nur einem Tage schrieb. Vorbei am Emmasteinfelsen, am Kantorhaus in Manebach und am Großen Hermannstein erreicht man den 861 m hohen Kickelhahn. Nicht die Fernsicht allein ist es, die den Wanderer fasziniert, es ist vor allem jene Jagdaufseherhütte, an deren Wand der Dichter 1780 sein „Wandrers Nachtlied" kritzelte (siehe Bild like Seite unten).

Bevor man Stützerbach mit dem Goethehaus erreicht, in dem auch die Geschichte der Glasherstellung dokumentiert wird. Von Stützerbach aus gelangten die ersten Thermometer, Glühlampen und Röntgenröhren in alle Welt. Auch Persönlichkeiten wie Otto Schott und Conrad Röntgen hinterließen ihre Spuren.

Abschließend sollte man noch Jagdhaus Gabelbach mit Exponaten zum Thema Jagdwesen im 18. Jh. und Darstellungen zu Goethes Naturwissenschaftlichen Studien aufsuchen. Es befindet sich wenige hundert Meter unterhalb des Kickelhahns.

EmpfangshalleJagdhaus Gabelbach

Die Geschichte der Glasherstellung im Goethehaus in Stützerbach mit Vorführungen

Lauscha
Wo man von Januar bis Dezember feinsten Christbaumschmuck kaufen kann

> *Sehenswürdigkeiten*
> - *Museum für Glaskunst*
> - *Stadtkirche*
>
> **i** *Tourist-Information*
> *Tel. 036702/22944*
> *Fax 036702/22942*
> *Hüttenplatz 6*
> *98724 Lauscha*

Lauscha liegt als langgestreckter Ort in einer Höhe von etwa 550 bis 730 Meter im Thüringer Schiefergebirge, das durch die wintersichere Lage auch für Wintersportler attraktiv ist. Bereits im Ortskern beginnen die herrlichen Bergtouren, die ganzjährig genutzt werden können.

Es waren H. Greiner und Chr. Müller aus Langenbach, die 1597 eine erste von Herzog von Sachsen-Coburg privilegierte Glashütte gründeten, die immerhin bis 1900 existierte. Weitere Glasbetriebe entstanden im Laufe der Zeit. So auch die vielen kleinen Studios, die heute noch wunderschöne Glaskreationen anfertigen und ihren Kunden Gelegenheit bieten, beim Glasblasen zuzusehen. Wer sich mehr noch für die Glasherstellung und ihre Geschichte interessiert, sollte ins Glasmuseum gehen, in dem man historische Dokumente und einzigartige Exponate,

Museum für Glaskunst: Heimarbeiterwerkstatt für Weihnachtsschmuck und...

so z.B. phantasievoll gestaltete Figuren, hübsche Vasen oder prunkvolle Pokale ebenso bewundern

Christbaumschmuck aus Lauscha

kann, wie herrlichen Christbaumschmuck, dem ein gebührender Platz eingeräumt wurde.

Den Grundstock für das Museum bildete 1897 eine Ausstellung über alte und neue Gläser zur Dreihundertjahrfeier der Stadt.

Daß in Lauscha auch Gläser für die Industrie und Medizin hergestellt wurden, wird ebenfalls vermittelt. Dazu gehören auch Augenprothesen, die von Ludwig Müller-Uri 1835 in Lauscha entwickelt wurden, dessen Geburtshaus an einer Gedenktafel zu erkennen ist.

...wertvolle Gläser aus vergangener Zeit

Partie am Hüttenplatz mit Blick zur Stadtkirche

Masserberg
Badespaß und Regeneration auf „höchstem" Niveau

> **Sehenswürdigkeiten**
> - Badehaus
> - Kureinrichtungen
> - Rennsteigwarte
> - Werraquelle
>
> **i** Kurverwaltung
> Tel. 036870/53373
> Fax 036870/53375
> Kurhausstraße 8
> 98666 Masserberg

■ Sprichwörtlich auf dem „allerhöchstem" Niveau, über 800 m hoch, liegt der Kurort, der sich bereits schon zur Jahrhundertwende einer Vielzahl begeisterter Gäste erfreuen konnte. Gleich ob ausgedehnte Wanderungen oder Wintersport gefragt sind – hier kann man das ganze Jahr über Körper und Geist verwöhnen.

Die neuen Kureinrichtungen, allem voran das Badehaus mit seiner vielschichtigen Sauna- und Wasserwelt, bestechen durch die zukunftsweisende architektonische Konzeption. Gleich ob zur Regeneration oder zum reinen Vergnügen – hier wird der Badespaß wahrhaft groß geschrieben.

Doch der regenerative Aspekt ist es nicht allein, der Masserberg so beliebt macht. Auch kulturelle Aktivitäten, ob nun in Konzert-, Theater- und Kinosaal, oder der offene Umgang mit moderner Kunst und Künstlern, sind erwähnenswert.

Eine überwältigende Aussicht über den Thüringer Wald kann man hoch von der

Zukunftsorientierte Architektur – die modernen Kuranlagen

Masserberg

Eine Landschaft, die zu langen Wanderungen einlädt

Ruhe und Erholung in den Kuranlagen

Bummeln weitab von aller Hektik

Rennsteigwarte aus genießen, dem einzigen Aussichtsturm mit Rundumblick am Rennsteig, der in knapp 800 Meter Höhe an Masserberg vorbeiführt.

Eine Wanderung zur Werraquelle (797 Meter über N. S.) kann eher zu den beschaulicheren Abwechslungen gerechnet werden. Seit 1897 ist diese von einer dekorativen Steinmetzarbeit mit informativen Schrifttafeln eingefaßt.

Wer es vorzieht, lieber in Masserberg zu bleiben, wird sich sicher in den Kuranlagen oder im Kurpark aufhalten oder die gesunde Höhenluft ganz einfach bei einem Bummel durch den Ort genießen.

Meiningen
Residenzstadt mit großer Musik- und Theatertradition

Die kreativen Aktivitäten des überaus kunstsinnigen Herzogs Georg II. sowie die jüngere Vergangenheit Meiningens als Musik- und Theaterstadt lassen leicht vergessen, daß die ehemalige Residenz auch auf eine langwährende Geschichte zurückblicken kann. So lassen prähistorische Funde vermuten, daß hier schon zur Eiszeit Menschen lebten. Nachweisen aber läßt sich eine Besiedelung erst um 531, als die Franken thüringisches Gebiet erobert hatten.

Ausgangspunkt für die bereits oben erwähnte Entwicklung ist Schloß Elisabethenburg (1682–92), wo auch der 1826 geborene Herzog von Sachsen-Meiningen Georg II. mit seiner Gemahlin Freifrau von Heldburg residierte. Seinen Intentionen ist es zu verdanken, daß Meiningen europaweit als Musik- und Theaterstadt bekannt wurde. Große

---

Sehenswürdigkeiten
- Schloß Elisabethenburg mit Staatlichen Museen
- Großes Palais
- Das Meininger Theater
- Englischer Garten
- Stadtkirche
- „Büchnersches Hinterhaus"
- „Alte Posthalterei"
- „Schlundhaus"
- „Hartungsches Haus"
- „Steinernes Haus"
- Baumbachhaus

i Fremdenverkehrsverein Touristinformation
Tel. 03693/44650
Fax 03693/446544
Bernhardstraße 6
98617 Meiningen

Schloß Elisabethenburg mit Staatlichen Museen

Meiningen

Johannes Brahms – Büste im Musikmuseum

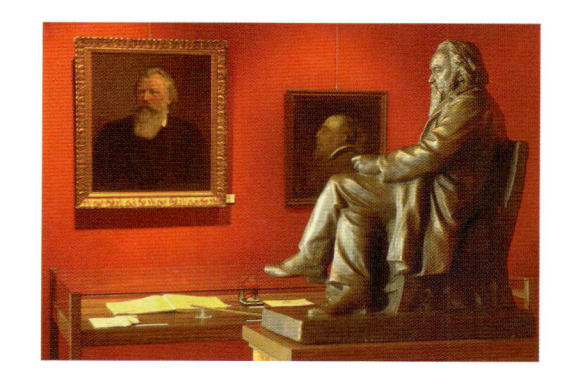

Bühnendekoration zu Schillers „Wallensteins Lager" im Theatermuseum

Komponisten und Theaterleute agierten hier, so auch Johannes Brahms, Max Reger, der von 1911 bis 1914 Leiter der Hofkapelle war, Ludwig Chroneck, Schauspieler, organisatorischer Leiter des Theaters und engster Mitarbeiter des Theaterherzogs, und Hans von Bühlow, der der Hofkapelle zu internationalem Ruf verhalf. Bis zum heutigen Tage konnte sich Meiningen

Das Wohnzimmer Herzog Georgs II. wurde im Stil der Neorenaissance gestaltet

dieses hervorragende Image als Musik- und Theaterstadt bewahren.

Einzigartige Dokumente darüber kann man in den Meininger Museen mit Musikmuseum und Theatermuseum studieren, in dem auch Kunst- und Kunsthandwerkliche Sammlungen zu sehen sind. Beeindruckt sind die Besucher immer wieder von den Wohnräumen der herzoglichen Familie und der prunkvollen Gestaltung der übrigen Schloßräume.

Bevor man sich in der Altstadt umsehen möchte, sollte man das im Stil der Neorenaissance konzipierte Große Palais (1821) und vor allem das klassizistisch gestaltete Meininger Theater (1909) beachten, in dem man auch Büsten bedeutender Protagonisten der Theater-

Meiningen

Meininger Theater mit klassizistischem Portikus

Nur eines der vielen von Herzog Georg II. selbst entworfenen Theaterkostümen

nert an einem Haus eine Gedenktafel an die Ankunft Schillers, der auf seiner Flucht nach Bauerbach in dieser Stadt Station gemacht hat.

anderen wurden hier Denkmale gesetzt.

Sakrales Meisterwerk in Meiningen ist die Stadt- und Marienkirche auf dem Markt. Im 11. Jh. begonnen, mußte das Gotteshaus im Laufe der Jahrhunderte Umbauten und Erweiterungen über sich ergehen lassen bis hin zur neugotischen Umgestaltung 1883–1889.

In der Anton-Ulrich-Straße, gleich gegenüber der Kirche, erin-

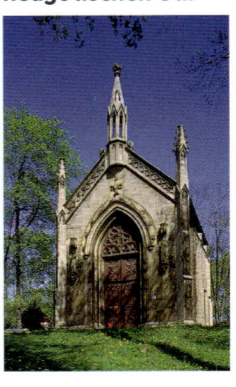

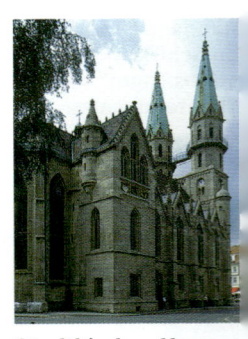

Stadtkirche „Unserer Lieben Frauen"

Zu den architektonischen Zeitzeugen, die man unbedingt kennenlernen sollten, zählen ferner stolze Bürgerbauten, oft im hennebergisch-fränkischen Fachwerkstil errichtet. Das schönste ist das „Büchnersche Hinterhaus" (1596), das versteckt hinter dem Eingang Georgstraße 20 zu finden ist. Es repräsentiert Wohlstand, der durch Tuchherstellung und Tuchhandel vom 16. zum 17. Jh. möglich wurde.

Auch die „Alte Posthalterei" (um 1600), von 1905–26 in posta

geschichte, so auch von Goethe, Schiller und Wagner, entdecken kann.

Auch im Englischen Park gleich dahinter, mit künstlichen Ruinen, einem See und der Gruftkapelle (1842), wird das Werk großer Männer wieder wach. Joh. Brahms, Jean Paul, Ludwig Bechstein und

Gruftkapelle im neugotischen Stil

Meiningen

lische Dienste gestellt, und an Pferdekopf und Posthorn zu erkennen, imponiert durch reiches Fachwerk.

Dekorative Fachwerkelemente mit Rosettenschmuck zieren das 1603 fertiggestellte „Hartungsche Haus", heute Heimat der städtischen Galerie ADA (Art, Design, Architektur).

Das „Steinerne Haus" (1571) wurde dem Baumeisterhaus in Rothenburg ob der Tauber nachempfunden und entstand auf dem Sockel eines Fachwerkhauses aus dem 13. Jh.

Im Baumbachhaus sollten vor allem Werke von Friedrich von

„Büchnersches Hinterhaus" im henneberg-fränkischen Fachwerkstil

Die Büste Rudolf Baumbachs vor dem Literaturmuseum

Schiller (1759–1805), Ludwig Bechstein (1801–1860), Rudolf Baumbach (1840–1905) und Jean Paul (1763–1825) Interesse finden. Auch die umfangreiche Bibliothek Baumbachs ist im Original erhalten und nimmt einen gebührenden Raum im Literaturmuseum ein. Übrigens: Wer den Text des Liedes „Hoch auf dem gelben Wagen" kennt, das auch einmal ein deutscher Bundespräsident auf Tonträger gesungen hat, sollte wissen, das dieser von Baumbach stammt.

Jeder Meiningenbesucher sollte auch die Schiller-Gedenkstätte im nahegelegenen Bauerbach aufsuchen, in dem der Dichter, damals noch Regimentsmedikus, nach seiner Flucht aus Württemberg (1782) bei Henriette von Wolzogen Asyl fand.

Oberhof
Rennsteiggarten und Olympiaambitionen

Sehenswürdigkeiten

- Wintersportstätten
- Rennsteiggarten
- Moorlehrpfad
- Naturlehrpfad
- Wintersportmuseum
- Rondell

i Kurverwaltung
Fremdenverkehrsamt
Tel. 036842/22143–44
Fax 036842/22332
Crawinkler Straße 2
98556 Oberhof

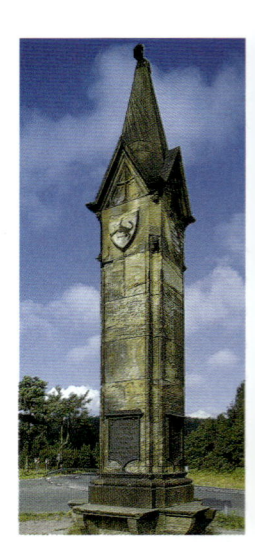

Wo sich Rennsteig und B 247 kreuzen – der Obelisk am Rondell in 826 m Höhe

Die vielfältige Pflanzenwelt der Berge im Rennsteiggarten entdecken

■ Bereits königliche Hoheiten wußten um 1900 herum die winterlichen Reize Oberhofs für ihre sportlichen Aktivitäten zu nutzen. Nicht umsonst hat der schneesichere Ort weltweit seinen guten Ruf als Zentrum internationalen Wintersports erworben. Wintersportler aus Oberhof konnten bislang 30 Olympiasiege und 90 Weltmeistertitel erringen. Ausführliches zu diesem Thema erfährt man im <u>Wintersportmuseum</u>, in dem auch die Entwicklung der Sportgeräte vermittelt wird.

Auch im Sommer, wenn der Rennsteig zu langen und erholsamen Wanderungen einlädt, ist Oberhof beliebtes Reiseziel, vor allem für Naturfreunde,

Oberhof

Blick vom Pfanntalskopf, höchster Punkt im Rennsteiggarten

die gern dem Moor- oder Naturlehrpfad folgen, um ihre Kenntnisse über Fauna und Flora im Thüringer Wald zu erweitern. Absoluter Höhepunkt aber ist der Besuch des Rennsteiggartens, der unter Mitwirkung der Friedrich-Schiller-Universität 1970–76 angelegt wurde. Hier, wo 150 Tage im Jahr eine dichte Schneedecke die Pflanzen vor dem Erfrieren schützt, kann man die Vielfalt der Bergflora kennenlernen, mit über 4000 Arten aus aller Welt.

In unmittelbarer Nähe dieses Gartens, dort wo die B247 den Rennsteig kreuzt, fällt am Rondell ein Obelisk auf, der an den Bau der Kunststraße (1832) von Gotha nach Coburg erinnert.

Die geschnitzten Wegweiser am Rennsteig

Oberhof in einer historischen Postkartenansicht

Oberweißbach
Wo „Buckelapotheker" mit Olitäten handelten

Sehenswürdigkeiten
- *Fröbel-Museum*
- *Fröbel-Turm*
- *Barockkirche*
- *Lichtenhainer Bergbahn*

i *Fremdenverkehrsamt*
Tel. 036705/62123
Fax 036705/67110
Markt 10
89744 Oberweißbach

Büste Friedrich Fröbels vor dem nach ihm benannten Museum

■ Das Stadtrecht erhielt der Ort, 1370 erstmals urkundlich erwähnt, erst 1932, lange nachdem hier der Olitätenhandel wirtschaftliche Basis war. Olitäten (von Oleum, lateinisch Öl) sind mit wildwachsenden Kräutern, Beeren und Heilpflanzen aus der Umgebung hergestellte Öle, Pillen oder Tinkturen, die von hier aus mit dem Ranzen auf dem Rücken überall angeboten wurden. Die hiesigen Buckelapotheker galten als einzigartig in Deutschland. Historisches darüber erfährt man im „Traditionszimmer Olitätenhandel" im Fröbel-Museum, die Gedenkstätte für den großen Pädagogen Friedrich Fröbel (1782–1852), der in Oberweißbach geboren wurde. Ihm ist es zu verdanken, daß unsere Kleinen in Kindergärten betreut werden. Bereits seit 1840 beschäftigte sich der durch Pestalozzi beeinflußte Kleinkindpädagoge mit der Gründung solcher Einrichtungen. Auch für die Erziehung wertvolle Spielgaben hat er entwickelt. Ein weiteres Andenken an Fröbel ist der nach ihm benannte Turm auf dem 785 m hohen Kirchberg.

Technikinteressierte dürfen keinesfalls versäumen, mit der unter Denkmalschutz gestellten Oberweißbacher Bergbahn auf einer Strecke von nur 1360 m 320 m Höhenunterschied zu über-

Der Fröbelturm, auch Wahrzeichen Oberweißbachs

Oberweißbach

Blick über den Ort und das Thüringer Schiefergebirge

winden. Es ist die steilste Standseilbahn der Welt für normalspurige Waggons.

Die Barockkirche wurde 1779 als größte Dorfkirche Thüringens mit drei Emporen errichtet. Ihre Kanzel ist die größte Europas.

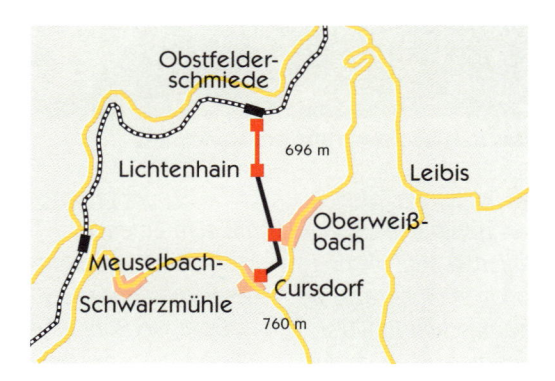

Die Oberweißbacher Bergbahn, die steilste ihrer Art, ist eine technische Attraktion

Ohrdruf
Von Kinderspielzeug und wassergetriebenen Hammerwerken

Sehenswürdigkeiten

- *Rathaus*
- *Engelsbrunnen*
- *Michaeliskirche*
- *Michaelisbrunnen*
- *Schloß Ehrenstein mit Heimatmuseum*
- *Tobiashammer*

i *Fremdenverkehrsverein
Tel. 03624/330210
Fax 03624/313634
Marktplatz 1
99885 Ohrdruf*

Das Rathaus von 1808 am Marktplatz

Bei einem Rundgang durch die Stadt fallen überall die dreieckigen Plätze auf, die fränkischen Einfluß verraten. So auch der Marktplatz, auf dem früher ein prächtiges Renaissance-Rathaus stand. Der heutige Bau wurde erst 1808 fertiggestellt.

Schloß Ehrenstein

Der Engelsbrunnen mit dem Erzengel Michaelis entstand in der Renaissance 1567.

Dort, wo Bonifatius 724 eine erste geistliche Stiftung in Thüringen errichtete, steht die Michaeliskirche. Das einst barocke Bauwerk von 1760 wurde 1945 leider zerstört.

Als Stammsitz der Grafen von Gleichen entstand 1550 Schloß Ehrenstein. Wer seinen Turm mit „Welscher Haube" besteigt, kann einen herrlichen Ausblick zum Thüringer Wald genießen. Das im Schloß beheimatete Heimatmuseum verrät, was nur wenige

Hammergesellen bei d

ahnen: Ohrdruf war Mitte des 19. Jh. ein bedeutendes Zentrum zur Herstellung von Porzellan und Spielzeug, das europaweit vertrieben wurde. Auch erfährt man in der Johann-Sebastian-Bach-Ausstellung, daß der große Komponist von 1695–1700 in

Ohrdruf

Tandem-Dampfmaschine mir einer Leistung von 12.000 PS

erstellung von Kupferkesseln (histor. Foto)

angetrieben werden. Als musealer Superlativ, auch weit über die Landesgrenzen hinaus, gilt die 10.000 PS starke Dampfmaschine, um die eine eigene Fachwerkhalle „herumgebaut" wurde. Seit 1983 findet alljährlich in der Schauanlage Tobiashammer ein Schmiedesymposium mit internationalen Metallgestaltern und Kunstschmieden statt.

Ohrdruf gelebt hat.

Die Attraktion für Technikfreunde aber ist der Tobiashammer mit einzigartigen original erhaltenen Hammerwerken, die heute noch von Wasser

Auch das Walzwerk wird mit Wasserkraft betrieben

Paulinzella
Schon Goethe und Schiller waren tief beeindruckt

Sehenswürdigkeiten

- Kloster-Ruine
- Ehem. Amtshaus
- Alter Zinsboden

i Gemeindeverwaltung
Rottenbach
Tel. 36739/3430
Fax 36739/34399
Ortsstraße 49
07422 Rottenbach

Romanisches Säulenportal

■ Die Ruine dieses ehem. Benediktinerklosters ist eines der bedeutendsten kulturgeschichtlichen Zeugnisse aus der Zeit der Romanik und wurde 1124 als Säulenbasilika mit Vorkirche, Nonnenempore und zweitürmiger Westfront errichtet. Über 400 Jahre lang war das Kloster das geistige Zentrum der Region. Mehr als 50 Dörfer gehörten zum Besitz.

Nach der Zerstörung im Dreißigjährigen Krieg wurde dieses einmalige Kulturdenkmal als Steinbruch mißbraucht. Gesichert werden konnte es zur Erhaltung für die Nachwelt erst in der zweiten Hälfte des 19. Jh.

Ein Bewußtsein für alte Bausubstanz im heutigen Sinne gab es damals nicht. Selbst Goethe zeigte wenig Ambitionen, sich mit verfallenen Zeitzeugen auseinanderzusetzen. Doch als er diese Ruine kennenlernte, äußerte er den Wunsch, hier seinen Geburtstag zu verleben. Deshalb arrangierte der Oberförster ein festliches Frühstück zwischen den alten Mauern. Goethe, der von der „ästhetischen Beschaulichkeit" beindruckt war, konstatierte, daß die Überreste Paulin-

Paulinzella

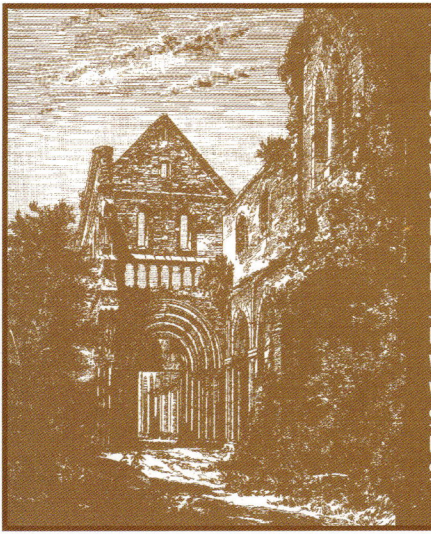

> Einsam steh'n des öden Tempels Säulen,
> Efeu rankt am unverschloßnen Tor,
> Sang und Klang verstummt, des Uhu Heulen
> Schallet nur im eingestürzten Chor.
> Weg sind Prunk und alle Herrlichkeiten,
> Schon enteilt im langen Strom der Zeiten
> Bischofshut mit Siegel, Ring und Stab
> In der Vorwelt ewig offnes Grab.
> Nichts ist bleibend, alles eilt von hinnen,
> Jammer und erhörter Liebe Glück;
> Unser Streben, unser Hoffen, Sinnen,
> Wichtig nur auf einen Augenblick;
> Was im Lenz wir liebevoll umfassen,
> Sehen wir im Herbste schon verblassen,
> Und der Schöpfung größtes Meisterstück
> Sinkt veraltet in den Staub zurück.

Diese Zeilen schrieb Schiller 1788 anläßlich seines Aufenthalts in der Klosterruine

zellas Zeugnis tüchtigen Kulturstrebens, großer Baugesinnung und handwerklicher Arbeit seien.

Blick in die ehem. Klosterkirche

Ehemaliges Amtshaus

Auch Friedrich von Schiller, der Kloster Paulinzella bereits vorher besucht hatte, war so beeindruckt, daß er obiges Gedicht verfaßte.

Das Fachwerkhaus nebenan, das ehemalige Amtshaus, ist aus dem 17. Jh., das Fachwerk des Alten Zinsbodens entstand im Spätmittelalter und ruht auf einem romanischem Unterbau.

Rudolstadt
Residenzstadt mit barocker Pracht und musealer Vielfalt

Sehenswürdigkeiten

- Schloß Heidecksburg mit Marstall und Museen
- Stadtkirche St. Andreas
- „Charlotte-von-Lengefeld-Haus"
- Schloß Ludwigsburg
- Neues Rathaus
- Altes Rathaus
- Gast- u. Rasthaus Adler
- Handwerkerhof
- „Lengefeld-Beulwitzsches-Haus"
- Volkskundemuseum „Thüringer Bauernhäuser"

i *Fremdenverkehrsamt*
Tel. 03672/424543
Fax. 03672/431286
Marktstraße 57
07407 Rudolstadt

Dominierend über den Dächern der Stadt: Barockschloß Heidecksburg mit Großem Festsaal aus der Zeit des Rokoko (Bild rechts) und dem Renaissance-Doppelportal (Bild unten)

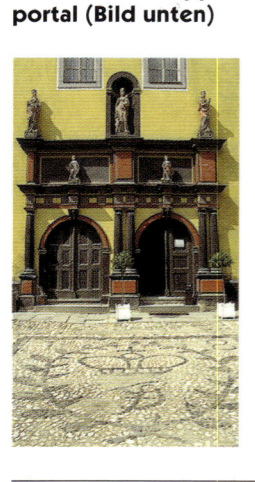

■ *Erste kulturelle Aktivitäten im Raum Rudolstadt beweisen Funde aus der Steinzeit, als die Menschen hier Bandkeramik und auch Saaleschnurkeramik beherrschten. Erstmals urkundlich erwähnt wurde die Stadt in der zweiten Hälfte des 8. Jh. Nach der Errichtung einer oberen und einer unteren Burg, die den Grafen von Orlamünde gehörten, entstand unterhalb des Schloßberges eine befestigte neue Stadt.*

1340 dann gingen Alt- und Neustadt in den Besitz der Grafen von Schwarzburg über, die die nächsten Jahrhunderte hier residierten. Nach zunächst absolutistischer Herrschaft im 17. Jh. belebte sich das Geistesleben der Stadt. Das Schulwesen wurde verbessert, die Kunst und Wissenschaften prägten zunehmend den Alltag, und eine erste Porzellanmanufaktur wurde im nahe gelegenen Ortsteil Volkstedt gegründet.

Rudolstadt

Heidecksburg
Großer Festsaal

„Prominenteste" Persönlichkeit Rudolstadts im Rückblick ist für die meisten ganz sicher Friedrich von Schiller, der 1788 für über ein halbes Jahr hier wohnte, wo er seine 1766 geborene Frau Charlotte kennenlernte. Nicht minder bedeutend war für den Dramatiker eine erste, wenn auch zaghafte Begegnung mit Goethe in der alten Residenzstadt an der Saale.

Die Heidecksburg hoch über dem historischen Marktplatz in einer Ansicht aus dem letzten Jahrhundert

Das Barockschloß Heidecksburg hoch über der Stadt ist nach so manchem Um- und Neubau auf den Resten eines Vorgängers erst Ende des 18. Jh. fertiggestellt worden. Es sollte nicht allein nur seiner herrlichen Prunkräume wegen besucht werden. Vor allem die Vielfalt der im Schloß beherbergten Museen überwältigt. Da wäre gleich beim Eingang das Thüringer Landesmuseum mit der Porzellangalerie mit vielen seltenen Expo-

Rudolstadt

Das Neue Rathaus (rechts) und das Alte Rathaus gleich in der Nebenstraße

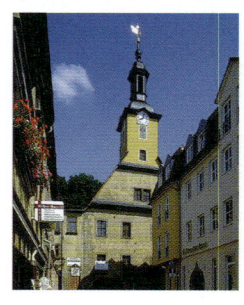

naten aus regionalen Manufakturen. Durch das prächtige Renaissance-Doppelportal erreicht man das Museum für Schwarzburgische Geschichte, in dem die Waffensammlung Schwarzburger Zeughaus integriert ist. Die Kunstliebhaber werden sich in der Gemäldegalerie und der Grafiksammlung umsehen, um sich dort an Bildwerken aus unterschiedlichen Jahrhunderten zu erfreuen. Naturliebhaber treffen sich eher im Naturhistorischen Museum, mit über 125.000 Objekten, das sich aus einem 1757 gegründeten Naturalienkabinett entwickelt hat.

In ungewöhnlicher Weise erinnert die Stadtkirche St. Andreas, ein sakrales Meisterwerk aus der Spätrenaissance, an Friedrich Schiller. 1788 ließ ein Blitz die Glocken verstummen, ein Ereignis, das dem Dichter Grund genug war, das bekannte „Lied von der Glocke" zu schreiben.

Wenige Schritte entfernt interessieren zwei weitere Zeitzeugen, das „Lengefeldsche Haus", in dem Schillers Frau Charlotte ihre Jugend verbrachte, und Schloß Ludwigsburg (1734–1741), eine barocke Dreiflügelanlage mit dem Schwarzburger Wappen, das an fürstliche Zeiten erinnert.

Die weiteren Sehenswürdigkeiten sind sämtlich vom zentral gelegenen Marktplatz aus zu erreichen, der vom Neuen Rathaus beherrscht wird. 1659 wurde es eingeweiht.

Blick in der Chor der Stadtkirche St. Andreas

Rudolstadt

Historisches Gast- und Rasthaus Adler

Die Straße rechts daneben führt zum Alten Rathaus, einem im Kern spätgotischen Bau aus dem 16. Jh.

Auf der Marktseite gegenüber lädt das historische Gast- und Rasthaus Adler aus dem Jahre 1542 zum Verweilen ein.

Einen Abstecher von hier aus ist der architektonisch neu gestaltete „Handwerkerhof" im ehem. Bernhardinenstift (Stiftsgasse) wert, der im historischen Ambiente zum Geldausgeben in kleineren Geschäften verführt.

Der Marktstraße folgend, die rechter Hand von schönen Fassaden altehrwürdiger Bürgerhäuser gesäumt wird, erreicht man schon bald die Schillerstraße.

Hier befindet sich das „Lengefeld-Beulwitzsche Haus", in dem Schiller die langersehnte Bekanntschaft mit Goethe machen konnte, der dort zusammen mit Charlotte von Stein und anderen Gästen eingeladen war.

Rechts der Saale, mitten im Heinrich-Heine-Park, wird im Volkskundemuseum Thüringer Bauernhäuser, in liebevoll restaurierten und original erhaltenen Bauernhäusern, der ländliche Alltag längst vergessener Zeiten und die bäuerliche Kultur unserer Altvorderen überliefert.

Im Volkskundemuseum „Thüringer Bauernhäuser" mit original erhaltener Apotheke

Ruhla
„Mein Ruhla, wie liegst Du so prächtig da"

> **Sehenswürdigkeiten**
> - Winkelkirche St. Concordia
> - St.-Trinitatis-Kirche
> - Heimatmuseum
> - Burgruine Scharfenburg
> - Heimatstube Thal
> - Tropfsteinhöhle
>
> **i** Fremdenverkehrsamt
> Tel. 036929/89013
> Fax 036929/80365
> Carl-Gareis-Straße 16
> 99842 Ruhla

■ Köhler, Schmiede und Bergleute, die sich in idealer Weise gegenseitig ergänzten, waren die ersten Siedler hier. Doch die Geschichte Ruhlas ist geprägt von seiner Teilung, die Jahrhunderte währte. 1378 wird der Ort erstmalig in einer Urkunde genannt, der beiderseits des damals Rulaha genannten Flusses entstand. Dieser bildete die Grenze zwischen dem Hennebergischen, später Gothaischen Amtsbereich und dem Amt Wartburg/Eisenach. Die Vereinigung der beiden Stadtteile fand erst 1920 statt, als das Land Thüringen gebildet wurde.

Die Winkelkirche St. Concordia (1661),

Winkelkirche St. Concordia – eine architektonische Ausnahme im Sakralbau

die mit ihren beiden um 90° versetzten Schiffen an ungünstige Bodenbeschaffenheiten angepaßt wurde, ist eine architektonische Besonderheit. „Wie die Schwalbe kunstvoll ihr Nest an eine Wand anschmiegt, so hat der fürstliche Baumeister die Kirche an steilem Berghang erbaut", so charakterisierte kurz nach der Jahrhundertwende Pfarrer L. Koch.

Ruhla

Die St.-Trinitatis-Kirche über der Stadt ist ein einschiffiger Barockbau (1686) mit doppelten Emporen.

Das 1906 gegründete Heimatmuseum ist mit seinen 15 Ausstellungsräumen in einem der schönsten unter Denkmalschutz gestellten Fachwerkhäuser untergebracht. Dokumentiert werden vor allem die handwerkliche und industrielle Entwicklung vom frühen Mittelalter bis zur Neuzeit sowie die Kultur und Lebensweise im kleinstädtischen Lebensbereich.

Auch in der Heimatstube Thal wird über Natur, Landschaft und Ortsgeschichte ebenso informiert, wie über die Burgruine Scharfenberg (12. Jh.), die man im Ortsteil Thal besichtigen kann.

An verflossene Bergbauzeiten erinnert die 1896 als Schauhöhle eröffnete Tropfsteinhöhle in Kittelsthal. Noch 1810 und 1816 besuchte Goethe die Gipsbrüche hier, um persönlich den Gipsabbau für Bauarbeiten in Weimar zu kontrollieren.

Das Heimatmuseum in einem der ältesten Fachwerkhäuser

Ruhla in einer historischen Ansicht

Saalfeld
Die „Steinerne Chronik Thüringens" beiderseits des Saaleufers

Sehenswürdigkeiten
- *Hof- und Marktapotheke*
- *Rathaus*
- *Johanniskirche*
- *Burgruine „Hoher Schwarm"*
- *Stadtmauer und -tore*
- *Thüringer Heimatmuseum*
- *Feengrotten*

i *Fremdenverkehrsamt Saalfeld-Information Tel./Fax 03671/33950 Blankenburger Straße 4 07318 Saalfeld*

■ *Dort, wo das mittlere Saaletal beginnt, liegt eingebettet in einer lieblichen Landschaft Saalfeld, eine der ältesten Städte des Landes.*

Die vormals herzoglich-meiningische Stadt imponiert vor allem durch gut erhaltene steinerne Zeitzeugen aus dem Mittelalter.

Die Geschichte Saalfelds kann bis 899 zurückverfolgt werden, als sich am Kreuzungspunkt frühmittelalterlicher Heer- und Handelsstraßen nach und nach eine Siedlung entwickelte.

Seltenes Beispiel profaner Architektur aus der Zeit der Romanik ist die Marktapotheke, 1180 als Verwaltungsgebäude für den kaiserlichen

Ein Meisterwerk thüringisch-sächsischer Renaissance-Baukunst – das Rathaus

Saalfeld

Der großzügig geplante Marktplatz wird weithin sichtbar von der Johanniskirche überragt

Reich geschmücktes Portal an der gotischen Johanniskirche (Ende 14. Jh.)

Stadtvogt errichtet. Nach einem Brand wurde das Bauwerk 1880 wieder stilecht rekonstruiert.

Meist beachtetes architektonisches Kunstwerk ist das Rathaus, das 1529–1537 entstand. Als ein frühes Beispiel thüringisch-sächsischer Renaissance-Architektur genießt es längst internationale Bedeutung. Beeindruckend ist die reich gezierte Fassade mit ihren Zwerchhäusern, dem Erker und dem vorgelagerten polygonalen Treppenturm mit Verkündungsbalkon.

Saalfeld

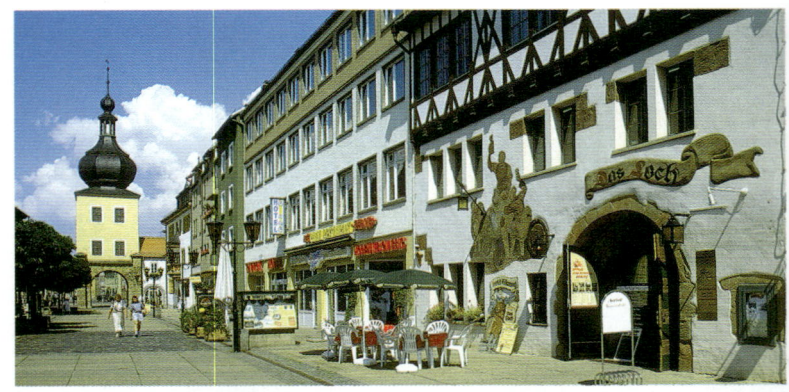

Im Hintergrund ist das Blankenburger Tor und rechts der Eingang zur historischen Gaststätte „Das Loch" zu erkennen

Als sakralen Höhepunkt sollte man die <u>Johanniskirche</u> (um 1380) betrachten, die zu den schönsten Hallenkirchen Thüringens gerechnet wird. Bereits von außen kündigen Portale mit prächtigen Sandsteinreliefs und Figuren, die um 1400 unter böhmischen Einfluß entstanden sind, den hohen künstlerischen Rang des Gotteshauses an. So faszinieren im Inneren spätgotische Gewölbemalereien im Chor (1514), das Heilige Grab (Ende 14. Jh.) und eine Johannisfigur, die Hans Gottwalt, ein Schnitzer aus Saalfeld schuf, der bei Tilmann Riemenschneider gelernt hat.

Von der mittelalterlichen Stadtbefestigung sind außer den Mauerresten noch vier <u>Stadttore</u> erhalten: das <u>Saaltor</u> mit Treppengiebel (15. Jh.), das <u>Darrtor</u> mit Zinnenkranz (14. Jh.), das <u>Obere Tor</u> mit Barockhaube (15. Jh.) und das im 18. Jh. umgebaute <u>Blankenburger Tor</u>.

Ebenfalls aus mittelalterlicher Zeit stammt die <u>Burgruine Hoher Schwarm</u> (1300), einst Wohnturm mit Eckbastion für die Grafen von Schwarzburg.

Saalfeld in einer Ansicht aus der Mitte des 19. Jahrhunderts

Wenige Schritte vom Rathaus entfernt entdeckt: ein Sitznischenportal aus der Zeit der Renaissance

Saalfeld

Im <u>Thüringer Heimatmuseum</u> wird überzeugend die mittelalterliche Geschichte vermittelt. Auch Schnitzereien, naturkundliche Sammlungen und Sonderausstellungen erweisen sich immer wieder als Besuchermagnete.

Geradezu obligatorisch für jeden Saalfeldbesucher ist eine Besichtigung der <u>Feengrotten</u> am Stadtrand, die 1993 im Guinnesbuch der Rekorde als die „farbenreichsten Schaugrotten der Welt" gelobt wurden. Entdeckt wurden diese 1910 während der Suche nach Quellen. „Glück auf" nun allen Besuchern der „Blaugrünen Grotte", der „Braunen Grotte", des „Butterkellers" und des „Märchendoms" mit der berühmten Gralsburg, die an Wagners Opernwelt erinnert.

Allegorischer Schmuck am Hauptgebäude Feengrotte

Gralsburg im Märchendom – die größte der Feengrotten

Schleusingen
Einst Residenz der Grafen von Henneberg

Sehenswürdigkeiten
- Schloß Bertholdsburg mit Naturhistorischem Museum
- St. Johanniskirche mit Ägidienkapelle
- Rathaus
- Marktbrunnen

i Fremdenverkehrsbüro
Tel. 036841/31561
Fax 036841/41711
Markt 6
98553 Schleusingen

■ Als Villa Slusungen wurde die Stadt erstmalig 1232 urkundlich erwähnt. 1412 erhielt Schleusingen sein Stadtrecht. Bis 1583 herrschten hier die Grafen von Henneberg, deren Residenz Schloß Bertholdsburg war.

Schloß Bertholdsburg, zum Schutze wichtiger Handelsstraßen errichtet, ist eine Vierflügelanlage mit Elementen aus Spätgotik und Renaissance. Sehenswert sind das Prunkportal (1661), die Schloßküche mit ihren Kreuzgewölben und wertvolle Wandgemälde zur Herkulessage (um 1600). Seit 1953 beherbergt das Schloß das Naturhistorische Museum. Die Themen Mineralogie, Geologie sowie der Bergbau im mittleren und südlichen Thüringen werden hier ausführlich behandelt. Die Regionalgeschichtliche Ausstellung ergänzt das museale Angebot.

Liebhaber sakraler Zeitzeugen sollten die

Schloß Bertholdsburg – Vierflügelanlage aus Spätgotik und Renaissance

Schleusingen

Die Bürgerhäuser am Marktplatz lassen unterschiedliche Stilepochen erkennen

Stadtkirche St. Johannis mit ihrem einschiffigen Langhaus (1723) und den dreigeschossigen Emporen aufsuchen. In der südlich angeordneten Ägidienkapelle, seit 1566 Erbbegräbnis der Grafen von Henneberg, befinden sich wertvolle Sandsteingrabmäler.

Die architektonische Krönung des von historischen Bürgerbauten gesäumten Marktplatzes ist das Rathaus (16. Jh.). Gleich links neben dem Eingang lassen sich das Brabanter und das sächsische Ellenmaß vergleichen.

Das im 16. Jh. entstandene Rathaus

Der Marktbrunnen erinnert an die Gräfin Elisabeth

Der Marktbrunnen mit dem Standbild der Gräfin Elisabeth entstand um 1600.

Das hübsche Fachwerkhaus in der Suhlerstraße beherbergte einst die Teutsche Schule.

Schmalkalden
Fachwerkstadt und Zentrum des Schmalkaldischen Bundes

Sehenswürdigkeiten
- *Rathaus*
- *Todenwarthsche Kemenate*
- *Salzbrücke*
- *Rosenapotheke*
- *Lutherplatz*
- *Heiliggrabbehausung*
- *Große Kemenate*
- *Liebaugsches Haus*
- *Hessenhof*
- *Stengelsches Haus*
- *Reformierte Schule*
- *Evangelisches Dekanat*
- *Altes Kantorat*
- *Stadtkirche St. Georg*
- *Schloß Wilhelmsburg mit Schloßkirche*

i Schmalkalden-Information
Tel. 03683/403182
Fax 03683/604014
Mohrengasse 1a
98574 Schmalkalden

■ *Obwohl die Stadt schon 874 erstmals als Villa Smalacalta bekannt wurde, fokussieren sich alle geschichtlichen Betrachtungen auf den Schmalkaldischen Bund, als sich 1537 18 deutsche Fürsten und die Vertreter von 28 Reichs- und Hansestädten trafen, um sich zur Abwehr gegen die antireformatorischen Bestrebungen Kaiser Karls V. zusammenzuschließen. Auch Luther und Melanchthon gehörten dazu.*

Daß Schmalkalden reichlich Zeitzeugen zu dieser Geschichte bieten kann, versteht sich von selbst. So auch Wappen *einiger Mitglieder des Schmalkaldischen Bundes im* Rathaus*, das von 1530 bis 1543 dessen Versammlungsort war.*

Blick zur Stadtkirche St. Georg – dominierender Bau am Marktplatz

Schmalkalden

Reges Markttreiben vor der Kulisse des Rathauses, in dem bereits 1419 erste Ratssitzungen stattfanden

Am Treppengiebel kann man die Todenwarthsche Kemenate (1575) gegenüber erkennen, ein dreigeschossiger Renaissancebau mit spätgotischen Bauresten.

Liebhaber schöner Fachwerkensembles sollten sich an der Salzbrücke umsehen, wo sich von 1547–1835 die Fleischbänke der Stadt befanden und herrliche Bürgerbauten aus den unterschiedlichsten Jahrhunderten stehen.

Durch die Steingasse erreicht man, vorbei an der Rosenapotheke, in der Philipp Melanchthon 1540 kurz weilte, das Lutherhaus. Es ist ein im Kern spätgotisches Haus, das 1520 fertig-

Eine Gedenktafel am Lutherhaus erinnert an den großen Reformator

gestellt wurde. Seit 1687 erinnert eine Gedenktafel an die Anwesenheit Luthers im Februar 1537.

Schmalkalden

Das „Alte Kantorat" gleich hinter der Stadtkirche

Nicht weit von hier befindet sich die mittelalterliche „Heiliggrabbehausung" mit spätgotischem Wohnturm und dem Wappen der Grafen von Henneberg-Schleusingen. Früher wohnten hier Vikare der „Kirche zum Heiligen Grab".

Typisches Beispiel einer steinernen Kemenate mit Treppengiebel in Schmalkalden ist in der Weidebrunner Gasse die „Große Kemenate", deren Geschichte sich bis 1420 zurückverfolgen läßt.

Wo der Neumarkt beginnt, steht noch in der gleichen Straße das „Liebaugsche Haus" (Ende 16. Jh.) mit großer Torfahrt, gut restaurierten fränkischen Lauben und originaler Wandmalerei.

Reste romanischer Fresken machen den „Hessenhof" (1203) kulturhistorisch besonders wertvoll. In der sog. „Trinkstube" ist heute noch ein romanischer Gemäldezyklus (1235) zu entdecken, der Szenen aus „Iwein, der Ritter mit dem Löwen" zeigt. Die profanen Fresken gelten als die ältesten in Deutschland. Als 1:1-Kopie sind sie seit kurzem im Schloßkeller zu besichtigen.

Durch die Kloster- und die Mönchsgasse gelangt man zum „Stengelschen Haus, dessen Portal von zwei prächtigen

Hoch über der Stadt – Schloß Wilhelmsburg, einst als Nebenresidenz gebaut

Schmalkalden

Wappen geschückt wird.

Zurück zum Marktplatz führt nun der Weg an drei wichtigen architektonischen Zeitzeugen hinter der Stadtkirche vorbei: die „Reformierte Schule" (1658–59), das „Evangelische Dekanat", 1549 als erstes Pfarrhaus errichtet, und das „Alte Kantorat" (1608).

Von besonderem geschichtlichen und sakralen Interesse ist Schmalkaldens Stadtkirche St. Georg. Als romanischer Sakralbau 1200 begonnen, gilt sie als eine der schönsten Kirchen in Thüringen. Wer sie betritt, wird an einer ihrer Säulen ein Standbild Luthers erkennen. Es befindet sich dort, wo der Reformator gepredigt haben soll. Vom Fenster des „Lutherstübchens" aus (über der Sakristei, heute mit sakralen Kunstwerken) hatte Luther Kontakt zum Prediger unten im Chor.

Schloß Wilhelmsburg, bedeutendes Baudenkmal der deutschen Spätrenaissance, wurde für Landgraf Wilhelm IV. von Hessen-Kassel 1585–90 als Nebenresidenz erbaut. Heute kann man in zahlreichen prunkvollen Räumen und in der Schloßkirche Wissenswertes über die Reformationsgeschichte und den Schmalkaldischen Bund erfahren. Auch die Stadtgeschichte, die Schmalkaldischen Artikel, hier gefertigte Eisenprodukte und Sonderausstellungen verdienen Beachtung. Die Außenanlagen, wie z.B. der „Rosengarten", bieten hübsche Ausblicke.

Riesensaal, Rosengarten und Schloßkirche von Schloß Wilhelmsburg

Schmiedefeld am Rennsteig
Zielort des größten Crosslaufes Europas

Sehenswürdigkeiten
- Heimatstube
- Fachwerkkirche
- Naturlehrpfad
- Glasbläsereien und Schauwerkstätten

i *Fremdenverkehrsamt*
Tel./Fax 036782/613 24
Suhler Straße 4
98711 Schmiedefeld am Rennsteig

Wenn sich mehr als 10.000 Sportfreunde beim Guts-Muths-Rennsteiglauf, Europas größter Crosslauf, treffen

Smydfelt, Schmiede auf dem Felde, wurde 1406 erstmals urkundlich erwähnt. Die Gründung des Ortes ist eng mit dem Abbau und der Weiterverarbeitung von Eisenerz verbunden. Im 16. und auch noch im frühen 17. Jahrhundert stand dieser Industriezweig in voller Blüte – auch die Suhler Waffenindustrie von hier aus beliefert. Später dann bildete das Holz eine wirtschaftliche Grundlage für den Ort, in dem Holzhauer, Harzscharrer, Pechsieder Kienrußbrenner beheimatet waren.

Nicht erfolgreich war der Versuch, hier Porzellanmanufakturen zu errrichten. Bis in die Gegenwart durchsetzen konnten sich dagegen glasverarbeitende Betriebe, in denen man heute auch beim Glasblasen zusehen kann.

Daß von Schmiedefeld aus auch einmal hier gefertigte Orgeln, Geigen und Zittern weit über die Grenzen hinaus vertrieben wurden, ist weniger bekannt.

Schon zur Jahrhundertwende entdeckten Erholungsuchende Schmiedefeld als Urlaubsort. Insbesondere der bis noch vor kurzem hier vorbeiführenden Eisenbahnlinie war es zu verdanken, daß sich die 680 bis 944 m hochliegende Gemeinde am Rennsteig rasch als zum beliebten Ferienort entwickeln konnte. konnte.

Von hier aus lassen sich reizvolle Landschaften entdecken, so auch das von der UNESCO anerkannte Biosphärenreservat „Vessertal" (siehe Seite 92), die wasserreichen Täler der Ilm zwischen Schmücke, Finsterberg und Stützerbach, und das Nahetal.

Ziel des attraktiven Lehrpfades *ist es, die*

Schmiedefeld am Rennsteig

Skiliftanlage am Eisenberg

Besucher über die Naturausstattung und Schutzziele zu informieren sowie breitenwirksam über die Notwendigkeit der Erhaltung großräumiger Natur- und Kulturlandschaften aufzuklären. Lehrreiche Hinweise auf Pflanzen- und Tierarten und deren Lebensräume ergänzen das Informationsangebot.

Wer sich für die regionale Geschichte interessiert, sollte sich in der <u>Heimatstube</u> umsehen, in der mit Liebe und Sachkenntnis Heimatkundliches vermittelt wird.

Das kleine Gotteshaus, die <u>Fachwerkkirche</u>, wurde 1706 geweiht und im Laufe ihres Bestehens mehrfach verändert. Zuvor existierte an gleicher Stelle ab 1572 eine Holzkirche. Der Orgelprospekt des von hier beheimateten Orgelbauern geschaffenen Orgelwerks stammt aus der Kreuzkirche zu Dresden.

Bereits 1706 geweiht – die kleine Fachwerkkirche

Schwarzburg
Fürstensitz hoch über dem wildromantischen Schwarzatal

Sehenswürdigkeiten

- Schloß Schwarzburg und Museum „Kaisersaal"

i Fremdenverkehrsamt
Tel./Fax 036730/22305
07427 Schwarzburg

Gesäumt von steilen Berghängen – Luftkurort Schwarzburg (hist. Bild rechts) und die wildromantische Schwarza

Erhalten hat sich nur der barocke Kaisersaal (1719), einst Gartensaal, der heute als Museum genutzt wird.

Rund 100 Porträtmedaillons und 28 Temperagemälde, die römische, byzantinische und deutsche Kaiser in Lebensgröße zeigen, fallen als erstes auf, wenn man den in Höhe und Helligkeit beeindruckenden Saal betritt.

Liebhaber edelsten Porzellans aus hiesiger Manufakturen können in einer ständigen Ausstellung Werke der „Schwarzburger Werkstätten für Porzellankunst" bewundern, zu denen auch Arbeiten von Ernst Barlach und Gerhard Marcks gehören.

■ Erstmals wird die „Schwartzinburg" 1071 genannt, die fortan Sitz gleichnamiger Grafen war. Nach dem Brand im 18. Jh. wurde das Anwesen 1726 bis 1744 neu errichtet, diesmal als spätbarockes Jagd- und Sommerschloß.

Schwarzburg in einem

Schwarzburg

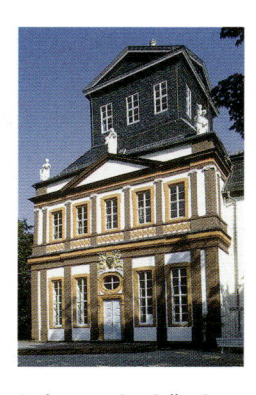

Kaisersaalgebäude von Schloß Schwarzburg mit dem Wappen des Fürsten Schwarzburg-Rudolstadt

Im Museum Kaisersaal mit Gemälden römischer, byzantinischer und deutscher Kaiser

historischen Bild aus der Vogelperspektive gesehen

Sitzendorf

Sitzendorf
Wo einst das Thüringer Porzellan erfunden wurde

Sehenswürdigkeiten
- Sitzendorfer Porzellanmanufaktur
- Regionalmuseum Dampfmaschine
- Bismarckturm

i Fremdenverkehrsverein
Tel. 036730/22384
Fax 036730/34330
Hauptstraße 26a
07429 Sitzendorf

Partie an der Schwarza

Rundofen zum Brennen von Porzellan

■ Benannt wurde der 1465 erstmals urkundlich erwähnte lauschige Ort an der Schwarza nach dem Schwarzburger Grafen Sizzo aus dem Geschlecht der Käfernburger.

Noch bevor Friedrich Macheleid in Sitzendorf 1760 Böttgers Geheimnis der Porzellanherstellung enträtselte, wurde hier in kleinen Mengen Gold gewonnen. Einträglich jedoch waren erst Produkte aus dem „Weißem Gold", wie das Porzellan genannt wird, vor allem zierliche Figuren. Wer zusehen möchte, wie diese von geübten Frauenhänden nach überlieferten Motiven gestaltet und bemalt werden, sollte sich ausführlich in der Sitzendorfer Porzellanmanufaktur umsehen (Führungen).

Technikliebhaber dürfen keinesfalls versäumen, die altehrwürdige und ganz hervorragend gepflegte

Sitzendorf

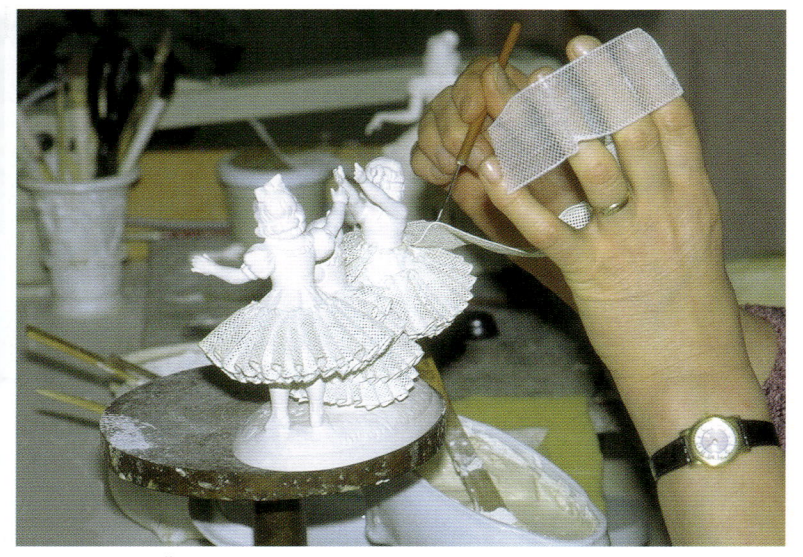

Geschickte Hände dekorieren Porzellanfiguren mit Spitzenbelag

Dampfmaschine gleich nebenan im *Regionalmuseum* zu besichtigen, die noch bis 1970 den Dynamo zur Erzeugung der elektrischen Energie für die Manufaktur angetrieben hat.

Porzellanfigurengruppe „Franz Schubert"

Dampfmaschine mit Stromgenerator

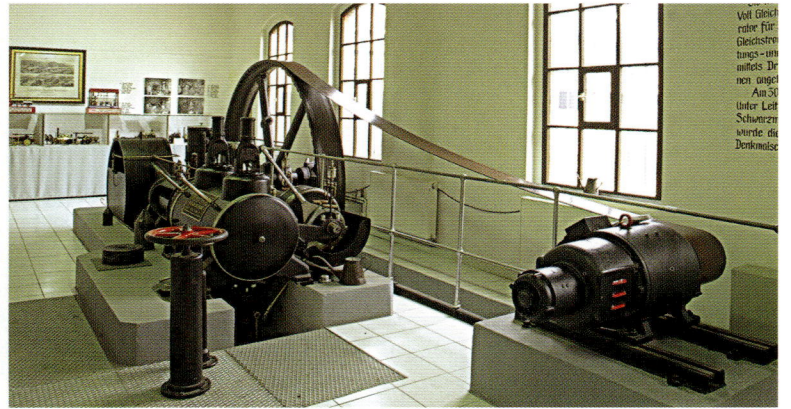

Sonneberg
Wo sich (fast) alles um Spielzeugeisenbahnen und Puppen dreht

Sehenswürdigkeiten
- *Deutsches Spielzeugmuseum*
- *Sternwarte*
- *Stadtkirche St. Peter*

i *Fremdenverkehrsbüro*
Tel. 03675/702711
Fax 03675/742002
Bahnhofstraße
96502 Sonneberg

■ *Daß man rund um die 1207 erstmals urkundlich erwähnte Stadt ausgedehnte Wanderungen unternehmen und sich erholsamen Naturerlebnissen widmen kann, geht oft genug unter. Gleiches gilt ebenso für altehrwürdige Bauten, unter ihnen das* Alte Rathaus *(1845) und die neugotische* Stadtkirche, *wie für die* Sternwarte *(1925). Der Grund: die Stadt kann mit einem wahren Superlativ aufwarten, das*

Das richtige Ambiente für das berühmte Spielzeugmuseum – ein neubarocker Bau aus der Zeit der Jahrhundertwende

Von waldiger Berglandschft umgeben. Historische Postkarte von Sonneberg

Sonneberg

Wohnstube eines Heimarbeiters

<u>Deutsche Spielzeugmuseum</u>. Bereits 1901 wurden hier einzigartige Exponate gezeigt. Zwischenzeitlich besteht die Sammlung aus über 50.000 Objekten, von der Antike bis zur Gegenwart. Auch der soziale Aspekt wird beleuchtet, waren Spielzeuge doch nicht nur die Lieblinge aller Kinder, sondern in erster Linie karge wirtschaftliche Basis für die Menschen in dieser Region. So kann man Herstellungsverfahren kennenlernen und Einblicke in rekonstruierte Wohnstuben der Heimarbeiter von damals gewinnen.

Doch meist gerühmter touristischer wie auch kulturhistorischer Höhepunkt ist ganz sicher das <u>„Thüringer Kirmes"</u> genannte Diorama, eine thüringisch-fränkische Kleinstadtszene von Prof. Reinhard Möller für die Weltausstellung 1910 in Brüssel.

Diorama „Thüringer Kirmes" mit bis zu lebensgroßen Figuren

Steinach
Vom Thüringer Schiefergebirge in die ganze Welt

Sehenswürdigkeiten
- *Deutsches Schiefermuseum*
- *Kirche St. Peter und Paul*
- *Rathaus*

i *Fremdenverkehrsamt*
Tel. 036762/39122
Fax 036762/32335
Marktplatz
96523 Steinach

■ *Daß es die meisten Besucher Steinachs vor allem ins* Deutsche Schiefermuseum *zieht, versteht sich aus der historischen Entwicklung der Stadt, die seit 1519 besteht. Was einst mit der Eisengewinnung und einem Hammerwerk begann, entwickelte sich im Laufe der Jahrhunderte zu einem erfolgreichen „Standort" für Schiefergewinnung und zugleich -verarbeitung. „Steinacher Griffel sind die besten", so stand es auf den Schachteln, in denen mehr als 30 Milliarden dieser einfachen wie auch praktischen Schreibgeräte weltweit vermarktet wurden.*

Die 400jährige Geschichte der Schieferstadt wird auch für Laien verständlich im Museum veranschaulicht. Geländemodelle, Fossilien und umfangreiche Gesteinsproben aus der Sammlung des Heimatforschers Dr. h.c. Max Volk (1900–1969) gehören ebenso zur Sammlung, wie Werkzeuge und originalgetreu rekonstruierte Produktionsstätten.

Das attraktive Rathaus *Steinachs am* zweitgrößten Marktplatz Thüringens *ist ein Bauwerk von 1925.*

Das Deutsche Schiefermuseum im ehemaligen Neuen Schloß (1747/55)

Steinach

Oben: Erinnerungen an die Schulzeit mit ihren Schiefertafeln werden wach.

Die <u>Stadtkirche St. Peter und Paul</u> wurde Ende des letzten Jahrhunderts als Basilika fertiggestellt.

Einfahrt zur Grube „Tierberg" 1939

Als noch Heimarbeit den Alltag bestimmte

Steinbach-Hallenberg
Über Jahrhunderte Eisenverarbeitung und Bergbau zu Füßen der Hallenburg

Sehenswürdigkeiten
- Burgruine Hallenberg
- Pfarrkirche
- Metallhandwerksmuseum

i Gästeinformation
Tel. 036847/41065
Fax 036847/42235
Hauptstraße 45
98587 Steinbach-Hallenberg

■ Mit den Herren von Hallenberg fing alles an. Das war um 1212, als auf einem 80 m hohen Porphyrfelsen eine erste Burg errichtet wurde. Seit rund 400 Jahren nun schon ist sie Ruine und weithin sichtbares Wahrzeichen der Stadt. Der Ort, der einst aus Obersteinbach und Untersteinbach bestand, wurde erst im 19. Jh. zum heutigen Steinbach-Hallenberg umbenannt. Wirtschaftliche Basis bildeten Eisen- und Kupfervorkommen, die hier abgebaut und auch verarbeitet wurden. So entstanden im Laufe des 18. Jh. viele kleine Werkstätten, in denen die für Steinbach-Hallenberg typischen Kleineisenwaren hergestellt wurden. Eine statistische Auswertung von 1925 belegt, daß im Ort allein 129 Zangenfabriken existiert haben sollen. Mehr über diese technische Entwicklung kann man im Metallhandwerksmuseum erfahren.

Das barocke Gotteshaus Steinbach-Hallenbergs

Steinbach-Hallenberg

Seit rund 400 Jahren ist sie nun schon Ruine – die um 1212 errichtete Hallenburg

Grundriß der Burg von E. Heydenreich 1885

Neben den sehenswerten Fachwerkhäusern, die im Stadtbild auffallen, sollte noch die barocke Pfarrkirche (1653 begonnen) mit einem Bilderfries zur biblischen Geschichte an allen drei Emporen Beachtung finden.

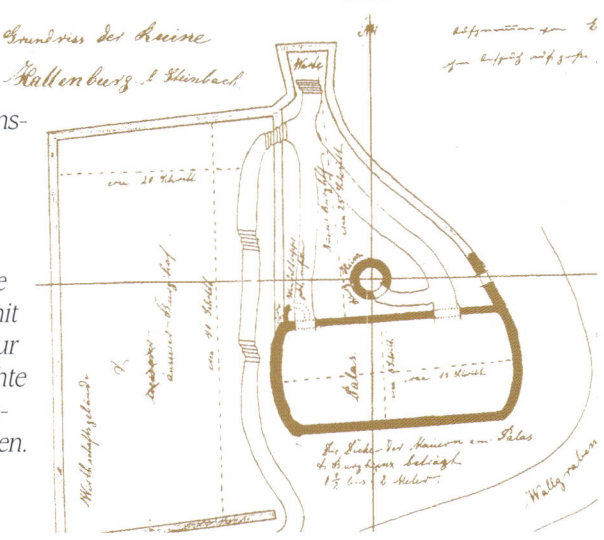

Die Geschichte der Kleineisenwarenherstellung wird im Metallhandwerksmuseum dokumentiert

Suhl
Wirtschaftliches und kulturelles Zentrum – City im Thüringer Wald

Sehenswürdigkeiten
- Malzhaus mit Waffenmuseum
- Brunnen „Diana auf Jagd"
- Ensemble Steinweg
- Kreuzkirche
- Marienkirche
- Rathaus
- Marktbrunnen mit Waffenschmied
- Automobil- und Zweiradmuseum
- Rathaus in Suhl-Heinrichs

i Tourist-Information
Tel./Fax 03681/720052
Friedrich-König-Straße 7
98527 Suhl

Das ehem. Malzhaus mit dem Waffenmuseum

■ Wie eine Urkunde beweist, war die heute „City im Thüringer Wald" genannte Stadt bereits 1232 bekannt. Bis 1660 gehörte sie zur Grafschaft Henneberg. Daß Suhl ab 1660 kursächsisch und von 1815 an auch einmal preußisch war, ist längst Geschichte.

Vom ausgehenden Mittelater an bildeten vor allem der Bergbau und die Eisenverarbeitung Suhls wirtschaftliche Basis. Den ersten Eisenhammer gab es ab 1437.

Ein 1563 erteiltes Zunftprivileg erlaubte auch die Herstellung von Handfeuerwaffen.

Schon 1595 wurden hier 27000 Gewehre und über 1000 Pistolen produziert.

Begreiflich ist, daß Suhl dieser Vergangenheit ein einmaliges Denkmal gesetzt hat, das _Waffenmuseum_. Es befindet sich im _ehem. Malzhaus_, einem hennebergisch-fränkischen Fachwerkhaus von 1668. Nicht nur die unterschiedlichsten Waffen werden vorgestellt, auch die künstlerisch ästhetische Komponente sowie der handwerkliche Aspekt dieses Industriezweigs werden verdeutlicht.

Suhl

Wo man sich gerne trifft – Mittelpunkt im Fußgängerbereich – der Brunnen „Diana auf Jagd"

Im Zentrum der Fußgängerzone, von wo aus die meisten Sehenswürdigkeiten Suhls in wenigen Schritten zu erreichen sind, fällt der phantasievoll gestaltete Brunnen „Diana auf der Jagd" auf, der 1984 von W. Dörsch geschaffen wurde. Im anschließenden Steinweg, sehenswertes Ensemble einzigartiger Bürgerhäuser, repräsentieren fachgerecht und liebevoll restaurierte Fassaden unterschiedlichste Stilepochen, so auch das dekorative Rokoko.

Den westlichen Abschluß des Steinwegs bildet die Kreuzkirche, die 1731–39 errichtet wurde. Beeindruckend sind die Stuckdecke, dreigeschossige Emporen, der reich gezierte Kanzelaltar sowie der Orgelprospekt.

Am östlichen Ende des Steinwegs erreicht man den Marktplatz mit dem Rathaus, das hier seit dem 16. Jh. dominiert. Mehrfach abgebrannt mußte es

Blick in den von prächtigen Bürgerbauten gesäumten Steinweg

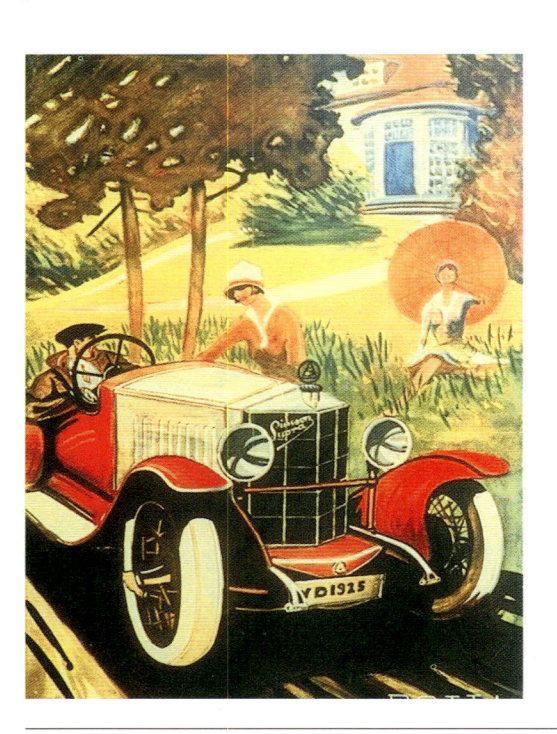

Sehenswert – die dreigeschossigen Emporen in der barocken Kreuzkirche

wiederholt erneuert werden – seine heutige Gestalt erhielt es 1903.

Aus dem gleichen Jahr stammt auch der Marktbrunnen mit dem Waffenschmied vis-à-vis, der die Bedeutung Suhls als Waffenstadt apostrophiert.

Liebhaber sakraler Kunstwerke entdecken von hier aus die nicht weit entfernte Hauptkirche St. Marien, deren Baugeschichte bis 1491 zurückreicht. Das heutige Gotteshaus wurde nach zweimaligem Brand 1753 bis 1769 über älteren Mauern neu errichtet. Besonders zu erwähnen sind der Rokoko-Kanzelaltar und der Orgelprospekt.

Im Ortsteil Suhl-Heinrichs kann man eines der schönsten Fachwerkbauten Südthüringens kennenlernen, das im hennebergisch-fränkischen Stil errichtete Rathaus. Es entstand 1657 auf dem Erdgeschoß eines Vorgängerbaues von 1531, also aus der Zeit der Renaissance. Wer sich aufmerksam in Suhl-Heinrichs umsieht, wird noch viele weitere schöne alte Fachwerkhäuser im hennebergischen Stil entdecken.

Zwischen Suhl-Heinrichs und Mäbendorf befindet sich das Automobil- und Zweiradmuseum, in dem man erfahren kann, daß auch in Suhl einst sportliche Motorräder

Ein Olkat aus den 30er-Jahren wirbt für einen in Suhl produzierten Wagen

und rassige Limousinen hergestellt wurden, die unter der Firmenmarke „Simson" mit anderen bekannten Fabrikaten konkurrierten und im deutschen Automobilmarkt keine unbedeutende Rolle spielten.

Mit reichgeziertem Fachwerk – das Rathaus in Suhl-Heinrichs

Suhl-Heinrichs – Synonym für prächtiges hennebergisches Fachwerk

Wohin das Auge reicht – Suhl ist von einer faszinierenden Bergwelt umgeben

Tabarz
Beliebter Erholungsort am Fuße des „Großen Inselsberg"

Sehenswürdigkeiten
- Steinpark
- Kur- und Familienbad „TABBS"
- Thüringerwaldbahn

i Kurgesellschaft
Tel. 036259/5600
Fax 036259/56018
Zimmerbergstraße 4
99891 Tabarz

■ Nicht versäumen sollte man Tabarz zu besuchen, einen Ferienort, der ebenfalls auf eine lange Tradition als Sommerfrische zurückblicken kann. Auffällig sind dort die großzügig konzipierten, teils mit Fachwerk gestalteten Villen, die schon in der Zeit unserer Großeltern gern als Pensionen genutzt wurden.

Die Naturfreunde können sich am Ortsrand im Steinpark mit der geologischen Situation Thüringens befassen und sich über die mineralogische Struktur des Thüringer Waldes informieren, in dem vor Millionen Jahren auch Saurier heimisch waren.

Als viel geliebte technische Attraktion erweist sich die gute alte Thüringerwaldbahn, eine Straßenbahn im nostalgischen Outfit, mit der man zu den kulturellen Kostbarkeiten in Gotha fahren kann, so auch zum Barockschloß Friedenstein.

Der Große Inselsberg in einer Ansicht aus der Mitte des letzten Jahrhunderts

Tabarz

Tabarz, idyllisch am Fuße des zweithöchsten Berges im Thüringer Wald gelegen

Blick vom 916 m hohen Großen Inselsberg

Thüringerwaldbahn von Tabarz nach Gotha

Daß jeder Tabarzbesucher nicht darauf verzichten wird, eine Wanderung (mit dem Auto gehts auch) auf den Gipfel des 916 m hohen Großen Inselsberg zu unternehmen, begründet sich allein schon durch die herrlichen Ausblicke, die man von dort aus über die Gipfel des Thüringer Waldes genießen kann.

Aber auch vom Ort aus lassen sich erholsame Wanderungen unternehmen, denn der Wald beginnt gleich am Ortsrand.

Für Wasserratten wurde das „TABBS" errichtet, ein Erlebnisbad mit Kurmittelhaus. Mehrere Becken und die Großrutschanlage garantieren Badespaß pur.

Themar
Zeitzeugen hinter der alten Stadtbefestigung entdecken

> **Sehenswürdigkeiten**
> - Stadtmauer mit Türmen
> - Ehem. Amtshaus
> - Bartholomäuskirche
> - Rathaus
> - Marktbrunnen
>
> **i** Stadtverwaltung Themar
> Tel. 036873/60315
> Fax 036873/60314
> Markt 1
> 98660 Themar

■ *Im alten Siedlungsgebiet des oberen Werratals kann man eine kleine Stadt entdecken, deren Stadtmauer auch heute noch zu großen Teilen existiert. Die erste urkundliche Erwähnung Themars fand 796 statt. Obwohl der urbane Charakter der Stadt bereits 1303 anerkannt wurde, erhielt Themar das volle Stadtrecht erst 1457.*

Auf dem anmutigen Markt angekommen, fällt das prächtige elfachsig gestaltete Rathaus auf. Es entstand 1708 auf den Resten eines Vorgängerbaus aus dem 16./17. Jh..

Den Mittelpunkt des von alten Wohnhäusern (teils 17./18. Jh.) gesäumten Marktplatzes aber bildet der

Beherrschende architektonische Element am Marktplatz sind das Rathaus und der Brunnen

Noch immer umgeben die Altstadt große Teile der ehem. Stadtmauer mit sieben Türmen. Bild rechts: der Hexenturm

Marktbrunnen, 1894 hier aufgestellt.

Historischer Zeitzeuge besonderer Art ist die gut erhaltene Stadtbefestigung, die ab 1457 errichtet wurde. Sieben Türme erinnern an vergangene Wehrhaftigkeit und an mittelalterliche Zeiten.

Als sakrales Meisterwerk der Stadt gilt die Bartholomäuskirche, in der ein Onkel Johann Sebastian Bachs, der Kantor und Organist Georg Christoph Bach, 22 Jahre lang, von 1666 an, wirkte. Fertiggestellt wurde das Gotteshaus, in dem man erlesene Kunstwerke entdecken kann, 1488 als spätgotischer Bau an der Stelle einer ehemaligen Kapelle.

Das Amtshaus wurde 1665 im hennebergisch-fränkischen Fachwerkstil konzipiert, der für die Landschaft in diesem Raum typisch ist.

Die spätgotische Bartholomäuskirche

Vessertal
Von der Unesco zum Biosphärenreservat erhoben

> **Sehenswürdigkeiten**
> - *Vesser*
> - *Biosphärenreservat*
>
> **i** *Fremdenverkehrsbüro*
> *Tel. 036782/61300*
> *Fax 036782/61300*
> *Schmiedefelder Straße 11*
> *98711 Vesser*

Vesser mit seiner kleinen Fachwerkkirche

■ Vesser, mit seinen rund 200 Einwohnern der kleinste Ortsteil der Stadt Suhl, kann, wie andere Orte auch in Thüringen, auf eine lange Geschichte verweisen. Die ersten urkundlichen Erwähnungen gehen bis in das Jahr 900 zurück.

Geprägt wird der kleine idyllisch gelegene Ferienort an der Vesser von der unter Denkmalschutz gestellten <u>Fachwerkkirche</u> (1710).

Vesser – für Kenner ist das ist „Natur pur" ! Denn der Ort liegt im <u>Biosphärenreservat Vessertal</u> im Naturpark Thüringer Wald. Auf Beschluß der UNESCO ist es aus dem Naturschutzgebiet Vessertal hervorgegangen, das 1939 gegründet wurde. Es repräsentiert typische Landschaftskomplexe, Lebensräume und -gemeinschaften im Thüringer Wald. Das Gebiet ist in drei Zonen aufgeteilt: Übergangszone,

Arnika – eine gebietstypische Pflanze

Vessertal

Landschaft weit aller Urbanität

Pufferzone und Kerngebiet. Auf nur 1% der Fläche gedeihen 35% aller im Bundesland Thüringen vorkommenden pflanzlichen Gen-Ressourcen.

Auch Säugetiere, Vögel, Lurche, Fische oder Wasserinsekten finden hier die ihnen gebührende Überlebenschance.

Ziel ist es, die vorhandenen Resourcen und ihre Nutzungsfähigkeiten auch für die kommenden Generationen zu sichern und Natur, Tourismus und wirtschaftliche Nutzung der Region in Einklang zu bringen.

Jeder wird sicherlich ahnen, daß hier ein Urlaub oder auch nur ein Wochenendaufenthalt Ruhe und Erholung bieten kann, wie es früher einmal war, ganz ohne jene lauten Spektakel, wie sie im Animationszeitalter leider fast schon Normalität geworden sind.

Blick vom Stutenhaus in Richtung Frauenwald

Kloster Veßra
Hennebergische Geschichte und bäuerliche Kultur

Sehenswürdigkeiten
- *Hennebergisches Museum*

i
Tel. 036873/21505
Fax 036873/21929
036873/21505
98660 Kloster Veßra

Die Ruine der ehem. spätromanischen Klosterkirche

■ *Eingebettet zwischen Thüringer Wald, Rhön und dem Grabfeld liegt idyllisch im Werratal gelegen diese ehem. Anlage eines Prämonstratenser Chorherrenstifts. 1131 gegründet, entwickelte sich aus dem Hauskloster der Henneberger Grafen die größte monastische Einrichtung im Henneberger Land. Bis zur Reformation war sie gleichwohl politisches und wirtschaftliches Zentrum wie geistiger Mittelpunkt.*

Heute ist die ehem. Klosteranlage Heimat des <u>Hennebergischen Museums</u>.

Auch die Gartenanlagen rund um die alten Fachwerkhäuser entsprechen historischen Vorbildern

Kloster Veßra

Ensemble regionaler Bauernhäuser auf dem Klosterhof

Nicht allein nur die prächtigen Bauernhäuser aus der Region, umgeben von Gärten, nach historischen Vorbildern, können von außen und innen besichtigt werden, auch landwirtschaftliches Gerät und Agrartechnik wird gezeigt. Als Publikumsmagnet erweist sich u. a. eine original erhaltene <u>Schmiede</u>. Aber auch erstklassig rekonstruierte Backhäuser, oder die von einem oberschlächtigen Wasserrad angetriebene Getreidemühle beeindrucken die Besucher. Auch eine beachtliche Sammlung altertümlicher <u>Trecker und Landmaschinen</u> zählt zum Museumsbestand. Naturfreunde widmen sich eher dem <u>Gewürz- und Heilkräutergarten</u> aus dem späten Mittelalter. Auch das Prinzip der historischen Dreifelderwirtschaft im Wechsel von Brache, Sommer- und Wintergetreide wird im Klostergelände überzeugend demonstriert.

Man könnte meinen, daß hier gestern noch geschmiedet wurde

Walterhausen
Kleinstadtromantik zu Füßen von Schloß Tenneberg

> **Sehenswürdigkeiten**
> - Schloß Tenneberg
> - Klaustor
> - Stadtkirche
> - Rathaus
> - Salzmannschule
>
> **i** Stadtinformation
> Tel. 03622/630148
> Am Klaustor
> 99880 Waltershausen

■ Über 775 Jahre ist sie alt, die kleine Stadt am Rande des Thüringer Waldes unterhalb des Burgberges, auf dessen Gipfel Schloß Tenneberg schon von weitem zu erkennen ist. Bereits im 8. und 9. Jahrhundert läßt sich eine fränkische Siedlung nachweisen. Eine erstmalige Erwähnung des Schloßes als Burg der Thüringer Landgrafen erfolgte 1176. In der Burg, die seit dem 14. Jh. auch Gerichtssitz war, ist heute das Heimatmuseum untergebracht, in dem man wichtige Daten zur Geschichte der Stadt erfahren kann. Von den barocken Schloßräumen sind uns drei erhalten geblieben. Das Deckengemälde im Festsaal (1719) gilt sicher als eines der eindrucksvollsten Kunstwerke im Schloß. 1929 wurde in diesem Ambiente das heutige Museum gegründet, das auch über die Puppen- und Spielzeugherstellung in der Region informiert.

Rathaus und Marktbrunnen

Waltershausen

Als architektonische Seltenheit gilt die barocke Stadtkirche mit ihrem prächtigen Deckengemälde in der Kuppel

gründete Zöglingsanstalt, die heute neben ihrer Funktion als Gymnasium auch <u>Gedenkstätte</u> ist und das Lebenswerk des Pädagogen vermittelt, dessen lehrreiche Schriften große Verbreitung fanden.

Das <u>Klaustor</u> ist der einzig erhalten gebliebene Torturm der ehem. Stadtbefestigung und wurde 1390 errichtet.

Auch in der <u>Stadtkirche</u>, ein barocker Zentralbau (1719–23) mit dreigeschossigen Emporen, fasziniert ein herrliches Deckengemälde.

Im neuen Glanz erstrahlt das 1441 errichtete gotische <u>Rathaus.</u> Es ist das älteste Fachwerk-Rathaus im thüringischen Raum.

An den in Sömmerda geborenen Christian Gotthilf Salzmann (1744–1811) erinnert die 1784 von ihm ge-

Das Klaustor ist der einzigerhalten gebliebene Torturm der mittelalterlichen Stadtbefestigung

Wasungen
Närrische Stadt mit einzigartiger Fachwerkkulisse

Sehenswürdigkeiten
- Rathaus
- Stadtkirche St. Trinitatis
- Damenstift
- Amtshaus
- Ehem. Stadtbefestigung
- Maienhof
- Burgruine „Maienluft"
- Karnevalsmuseum

i Stadtinformation
Tel./Fax 036941/71505
Damenstift – Untertor 1
98634 Wasungen

■ Als Mittelpunkt ihrer Herrschaft legten die Herren von Wasungen unterhalb der Burg auf dem Schloßberg eine Marktsiedlung an. Damit begann die urbane Enwicklung der heutigen Stadt. Doch bereits Jahrhunderte vorher, im Jahr 874, wird „Vuasunge" in einer Urkunde erwähnt. Vom 13. Jh. bis 1583 gehörte der Ort zur Grafschaft Henneberg, dem bedeutendsten Fürstentum des Territoriums.

Zeitzeugen aus dem Mittelalter sind heute noch Teile der ehem. Stadtmauer. So auch der Judenturm (13. Jh.) und die Pfaffenburg (1387, rekonstruiert 1974).

Im 13. Jh. entstand die romanische Stadtkirche, deren Chor in den Bau der heutigen St. Trinitatis-Kirche (Schiff 1596, Sakristei 1606, Chor 1680, Turm 1708) einbezogen wurde.

Der ganze Stolz der Stadt ist das spätgotische Rathaus, 1532/34 im hennebergisch-fränkischen Fachwerkstil am

Wahrlich ein Prachtexemplar eines im hennebergisch-fränkischen Stil errichteten Fachwerk-Rathauses

Wasungen

Fachwerkhäuser unterschiedlicher Jahrhunderte säumen große Teile der Hauptstraße

Marktplatz errichtet.

Liebhaber von Bauwerken aus der Zeit der Renaissance sollten das ehem. Amtshaus (1607) oder die für Wasungen typischen Adelshöfe, z. B. den „Maienhof" (1576) und das „Damenstift" (1596) besichtigen.

Beliebtes Ausflugsziel ist die Burgruine „Maienluft" hoch über den Dächern der Stadt. Von hier aus kann man reizvolle Aussichten über das Werratal und die Stadt, deren karnevalistische Aktivitäten auf keinen Fall unerwähnt bleiben dürfen, genießen. Mehr darüber kann man im Karnevalsmuseum erfahren.

Aufstieg zur Stadtkirche

Das ehem. Damenstift mit Renaissance-Portal

Zella-Mehlis
Die seit 1919 vereinte Stadt mit beachtlicher Techniktradition

Sehenswürdigkeiten
- *Magdalenenkirche*
- *Kirche Zella St. Blasii*
- *Heimatmuseum*
- *Bürgerhaus mit Galerie*
- *Gesenkschmiede Lubenbach*
- *Thüringer Meeres-Aquarium*

i *Fremdenverkehrsamt
Tel. 03682/482840
Fax 03682/487143
Louis-Anschütz-Straße 28
98544 Zella-Mehlis*

■ *Aus den Orten Zella St. Blasii (1111/1112) und Mehlis, 841 erstmals genannt, entstand ein Jahr nach dem Ersten Weltkrieg die heutige durch Waldwirtschaft und Bergbau geprägte Stadt mit anerkannter Wintersporttradition.*

Weniger bekannt ist, daß hier, so wie in Suhl auch, Waffen in großen Mengen hergestellt wurden. Ende des 18. Jh. betrug die jährliche Produktion bis zu 16.000 Rohre.

Kein anderer als der aus Zella St. Blasii stammende Heinrich Ehrhardt war es, der die Eisenacher Automobilindustrie initiierte. Selbst in Zella-Mehlis wurden noch bis 1926 Automobile produziert. Ab 1908 zählten auch die Büromaschinen der hiesigen Mercedes-Werke zu den weltweit gehandelten Erzeugnissen der Stadt.

Über diese Vergangenheit informiert das 1963 eröffnete Heimatmuseum *ebenso ausführlich, wie über landwirtschaftliche Gräte, die Kunst des Webens*

Das Heimatmuseum gibt einen Einblick in das Leben und die Arbeitswelt der heimischen Bevölkerung

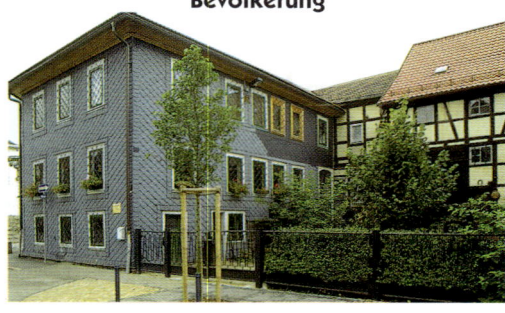

Auch das Werk Heinrich Erhardts wird im Museum gewürdigt

Zella-Mehlis

beiden barocken Gotteshäuser. Die Pfarrkirche im Ortsteil Zella ist ein Saalbau von 1788–73. Ebenfalls als Saalraum wurde die Magdalenenkirche von 1734 im Ortsteil Mehlis konzipiert. Beide wurden auf den Resten von Vorgängerbauten errichtet, die bereits im Mittelalter (13. Jh.) existierten.

Ob in den Ortsteilen Zella oder Mehlis – beide Kirchen sind Barockbauwerke

oder die farbenfrohen Trachten aus der Region.

Eine museale Einrichtung ganz besonderer Art ist die Gesenkschmiede Lubenbach. Ihre Brettfallhämmer, die ältesten in Deutschland übrigens, stehen seit der Entstehung 1918 in dieser noch immer betriebsbereiten historischen Schmiede, die als technisches Museum längst vergessene Produktionsverfahren vermittelt.

Als sakrale Kleinode in Zella-Mehlis gelten die

Jährlich wiederkehrende Feste

*D*as ganze Jahr über ist die Thüringer-Wald-Region eine Reise wert. Wer seinen Besuch mit einer der vielen Veranstaltungen verbinden möchte, die über das ganze Jahr verteilt stattfinden, dem sind nachfolgend einige Veranstaltungstips anhand gegeben.
Die Auswahl betrifft vor allem Feste mit überregionaler Ausstrahlung, die zu feststehenden Terminen stattfinden. Nicht aufgeführt wurden Stadtfeste, Altstadtfeste, Sportveranstaltungen, Kirmessen u.ä., die gewöhnlich in den Sommermonaten gefeiert werden.

Autor und Verlag weisen darauf hin, daß diese Liste nicht vollständig ist und der Besucher sich – auch der Termine wegen – auf alle Fälle bei den Tourist-Informationen Auskünfte einholen sollte.

Außerdem finden noch während der Sommermonate an verschiedenen Orten folgende Veranstaltungen statt:
"Thüringer Orgelsommer",
"MDR-Musiksommer" und die
"Thüringer Bachwochen"
(März/April)

Frohe Stimmung und Ausgelassenheit in Rudolstadt beim "Tanz- und Folkfest"

Jährlich wiederkehrende Feste

Wasungen	„Wasunger Karneval" (zur Faschingszeit)
Eisenach	„Sommergewinn" (drittes Wochenende vor Ostern)
Eisfeld	„Kuhschwanzfest" (Pfingsten)
Schmiedefeld und gesamtes Rennsteiggebiet	„Guts-Muths-Rennsteiglauf" (Mitte Mai)
Saalfeld	„Zunftmarkt" (letzter Samstag im Mai)
Meiningen	„Theaterfestwoche" (Frühjahr)
Bad Blankenburg	„Burgfest" (zweites Juniwochenende)
Oberhof	„Blütenfest im Rennsteiggarten" (letztes Juniwochenende)
Rudolstadt	„Tanz- und Folkfest" (erstes komplettes Juli-wochenende)
Bad Blankenburg	„Lavendelfest" (drittes Augustwochenende)
Schmalkalden	„Bartolomäusfest" (letztes Augustwochenende)
Meiningen	„Meininger Kleinkunsttage" (September)
Suhl	„Schützenfest" (alle zwei Jahre im September)
Hildburghausen	„Theresienfest" (Anfang Oktober)
Sonneberg	„Internationale Jazztage" (erste Novemberwoche)
Lauscha	„Original Lauschaer Kugelmarkt" (erster und zweiter Advent)

Persönliche Notizen